O SENTIDO DO SAGRADO
NAS CULTURAS E NAS RELIGIÕES

JULIEN RIES

O SENTIDO DO SAGRADO
NAS CULTURAS E NAS RELIGIÕES

EDITORA
**IDEIAS&
LETRAS**

DIREÇÃO EDITORIAL:
Marcelo C. Araújo

COMISSÃO EDITORIAL:
Avelino Grassi
Edvaldo Araújo
Márcio Fabri dos Anjos

COORDENAÇÃO EDITORIAL:
Ana Lúcia de Castro Leite

TRADUÇÃO:
Silvana Cobucci Leite

COPIDESQUE:
Bruna Marzullo

REVISÃO:
Ana Lúcia de Castro Leite

DIAGRAMAÇÃO:
Juliano de Sousa Cervelin

CAPA:
Júnior Santos

© Título original: *Il Senso del Sacro nelle Culture e nelle Religioni*
Editoriale Jaca Book SpA, Milano, 2006
Edição brasileira publicada por acordo com a Agência Literária Eulama

1ª Reimpressão.
Todos os direitos em língua portuguesa, para o Brasil,
reservados à Editora Ideias & Letras, 2014

EDITORA
IDEIAS&
LETRAS

Rua Tanabi, 56
Água Branca
CEP 05002-010 - São Paulo - SP
(11) 3675-1319 (11) 3862-4831
vendas@ideiaseletras.com.br
Televendas: 0800 777 6004
www.ideiaseletras.com.br

**Dados Internacionais de Catalogação na Publicação (CIP)
(Câmara Brasileira do Livro, SP, Brasil)**

O sentido do sagrado nas culturas e nas religiões / Julien Ries.
Aparecida-SP: Ideias & Letras, 2008.

Título original: *Il Senso del Sacro nelle culture e nelle religioni*.
Bibliografia.
ISBN 978-85-7698-025-4

1. Bíblia 2. Experiência religiosa 3. Religião – História 4. Sagrado I. Título.

08-08771   CDD-200

Índice para catálogo sistemático:

1. Sentido do Sagrado: Religião 200

Sumário

Apresentação 9
Prefácio 15
1. Propostas metodológicas 17
   O estudo do fenômeno religioso 17
   A discussão sobre o sagrado 19
      A opção sociológica 19
      A opção fenomenológica 21
      A opção antropológica e hermenêutica 22
      A questão do sagrado 23
   O sagrado à luz da semântica histórica 25
      Homo faber, homo sapiens, homo religiosus 25
      Linguagem e mensagem do *homo religiosus* 26
      O vocabulário do sagrado 27

2. O sagrado e o homem religioso das grandes civilizações 29
   O sagrado na civilização indo-europeia 29
      O sagrado em Roma e no mundo latino 29
      A sacralidade no mundo hitita 31
      O sagrado nas religiões da Índia 31
      O sagrado na religião masdeísta 33
   O sagrado no pensamento religioso grego 35
      A pesquisa tradicional sobre o sagrado grego 35
      Uma nova pesquisa sobre a sacralidade grega 37

As abordagens filológicas 38
A expressão simbólica do sagrado 42
A reflexão grega sobre o sagrado 43
O sagrado na Suméria e na cultura semítica 45
    A Suméria e o sagrado 45
    O sagrado na Babilônia.. 47
    A raiz *qdš* nos textos não bíblicos 48
O antigo Egito e o sagrado.. 51
    O sentido do divino na religião dos faraós 51
    Os cultos isíacos... 53
O sagrado gnóstico 55
    O sagrado à luz dos textos de Nag Hammadi............. 55
    Sagrado e santidade no maniqueísmo 57
A manifestação do sagrado e o *homo religiosus* 59
    Sagrado-profano ou divino-sagrado-profano?............. 59
    A manifestação do sagrado 61
    Expressão do sagrado e experiência religiosa............. 64

3. Sagrado e santidade nas três grandes religiões monoteístas.....67
Sagrado e santidade.. 67
A documentação do sagrado no Antigo Testamento.......... 69
    O desenvolvimento semântico de *qdš* 69
    Do sagrado à santidade... 71
    A Bíblia grega 74
    Duas tentativas de hermenêutica................................ 75
O sagrado no Islã... 78
    O vocabulário do sagrado... 78
    Alá, a fonte do sagrado... 79
    Sagrado e sacralização.. 81
Sagrado e santidade no Novo Testamento......................... 82

A santidade consagrada no Novo Testamento 82
A expressão do sagrado no Novo Testamento 85
Tentativas de leitura do sagrado cristão 88
    Leitura hermenêutica: Paul Ricoeur 88
    Leitura messiânica: Yves Congar 91

Conclusão 97
Bibliografia orientadora 101
    Obras gerais e instrumentos 102
    Obras coletivas sobre o sagrado 104
    Números especiais de periódicos 107
    Bibliografia geral sobre o sagrado 108
Glossário 127

Apresentação

Uma famosa anedota narra o diálogo entre um mandarim e um sábio chinês. O mandarim perguntou ao sábio: "O que você faria se se tornasse dono do mundo?". O sábio pensou um instante e respondeu: "Começaria definindo o sentido das palavras".

Durante as décadas de 1950-1970, assistimos no Ocidente a uma discussão que agitou o mundo dos teólogos, dos filósofos e de inúmeros círculos intelectuais: era a "querela do sagrado", que acabou desembocando na "teologia da morte de Deus". Todos se perguntavam como seria possível sair dessa longa controvérsia.[1]

Em 1942, Walter Baetke publicou em Tübingen um livro intitulado *Das Heilige im Germanischen*. Ele se mostrava crítico em relação às duas linhas de pesquisa de seus predecessores: de um lado, a linha reducionista do *mana* (*Kraft und Macht*) e, de outro, a linha seguida por Rudolf Otto, *Das Heilige* (1917), que insistia no sentimento do numinoso e da experiência individual. Baetke preconizava um estudo do sagrado considerado como o centro da comunidade religiosa graças ao culto e à língua. A seu ver, é

---

[1] BISHOP, J. *Les Théologiens de la Mort de Dieu*, Paris, Cerf, 1967; METHA, V. *Les Théologiens de la Mort de Dieu. Enquêtes et Interviews*, Tours, Mame, 1969; MARTIN, E., ANTOINE, P. *La Querelle du Sacré*, Paris, Beauchesne, 1970; COLPE, C. *Die Discussion um das Heilige*, Darmstadt, Wissenschaftliche Buchgesellschaft, 1977; BENOIST, A. de, MOLNAR, Th., *L'Éclipse du Sacré. Discours et Réponses*, Paris, La Table Ronde, 1986.

através da língua que cada comunidade determina o sentido do sagrado. O sagrado, sua origem e sua essência são postos em evidência graças ao vocabulário religioso.

Em 1963, Huguette Fugier, que lecionava em Estrasburgo, publica suas *Recherches sur l'Expression du Sacré dans la Langue Latine*,[2] um estudo de semântica histórica aplicada à noção romana de sagrado. A semântica é a disciplina que visa definir o sentido das palavras, bem como seu significado e seu valor. A semântica histórica consiste em classificar o significado de cada palavra seguindo sua ordem de sucessão e a data mais antiga ou menos antiga em que essa palavra surgiu no interior de uma língua, algo que torna necessário o uso da cronologia. Para elaborar seu relatório, Huguette Fugier dividiu textos literários e inscrições, conseguindo demonstrar que através da ideia romana de sagrado se revela toda uma concepção do *homo romanus*, de sua vida e de seu comportamento.

Encorajado por Georges Dumézil, Mircea Eliade publicou em 1957, na Rowohlts Deutsche Enziklopädie, um pequeno volume introdutório ao estudo das religiões, intitulado *Das Heilige und das Profane. Vom Wesen des Religiösen*, traduzido para o francês em 1965 (*Le Sacré et le Profane*) e em italiano em 1967 (*Il Sacro e il Profano*)[3]. Partindo do espaço sagrado e do tempo sagrado, dos mitos e da religião cósmica, bem como da perenidade dos símbolos celestes, Eliade analisa as hierofanias, ou seja, as manifestações do sagrado ao homem, que descobre assim sua existência e entra em uma vida "santificada". É o *homo religiosus*, centro da pesquisa da história das religiões.

---

[2] Paris, Les Belles Lettres.
[3] N.T.: Edição brasileira: *O sagrado e o profano: a essência das religiões*. Trad. Rogério Fernandes. São Paulo: Martins Fontes, 1996.

Apresentação

Em janeiro e fevereiro de 1968, a revolução universitária da Europa ocidental debuta nas estradas de Louvain ao grito de "Walen Buiten", (Fora os francófonos). Depois de inúmeras semanas de desordem, vandalismos e tensões, as autoridades políticas decidem transferir para a zona linguística francófona a parte de língua francesa desta Universidade, fundada em 1425 e restaurada em 1834 depois da supressão determinada pelo governo holandês, e em 1918 após a guerra. Cria-se assim a Universidade Católica de Louvain em Louvain-la-Neuve, fato que dá lugar ao nascimento de uma nova cidade na Bélgica.

O novo reitor, monsenhor Édouard Massaux, decide dotar a Faculdade de Teologia de uma cátedra de História das Religiões, e me confia os cursos e um seminário que depois se tornaria um centro de pesquisa. Incentivado pelas coordenadas culturais fornecidas pelos estudos de Huguette Fugier, Georges Dumézil e Mircea Eliade, opto por um curso de introdução sobre "O sagrado". Ainda com as consequências de 1968 no ar, a acolhida reservada ao curso por numerosos estudantes confirma a validade dessa escolha. Uma equipe de Louvain-la-Neuve prepara a coleção "Homo Religiosus" e publica *L'Expression du Sacré dans les Grandes Religions. Proche-Orient Ancien et Traditions Bibliques*, Louvain-la-Neuve, Centre d'Histoire des Religions, 1978. Apresentado durante o Simpósio de Valcamonica de 1979, em Pontedilegno[4], este volume chama a atenção da editora Jaca Book de Milão, que me pede para redigir uma introdução à história das religiões sobre o tema do sagrado nas religiões. A obra é publicada em 1981, pela Jaca Book, com o título *Il Sacro nella Storia Religiosa dell'Umanità* (ed. fr. *Les Chemins du Sacré dans l'Histoire*, Paris, Aubier, 1985). Em 1983, sai o segundo volume de

---

[4] N.T.: Lombardia, Norte da Itália.

"Homo Religiosus", *L'Expression du Sacré dans les Grandes Religions. Peuples Indo-européens et Asiatiques, Hindouisme, Bouddhisme, Religion Égyptienne, Gnosticisme, Islam*, seguido, em 1986, pelo terceiro volume, *L'Expression du Sacré dans les Grandes Religions. Mazdéisme, Cultes Isiaques, Religion Grecque, Manichéisme, Nouveau Testament, vie de l'Hommo Religiosus* (Louvain-la-Neuve, Centre d'Histoire des Religions), Dois prêmios da Académie Française coroaram esses livros.

O diálogo com Maretta Campi e Sante Bagnoli da editora Jaca Book permitiu amadurecer um novo projeto em dez volumes intitulado *Trattado di Antropologia del Sacro*.[5] A demonstração do sentido e do significado do sagrado nas diversas religiões fez surgir um personagem imprescindível, o *homo religiosus*. Ora, a antropologia religiosa é uma disciplina recente na ciência das religiões. Ela deve ser diferenciada da etnologia, da história e da sociologia das religiões. Ela estuda o *homo religiosus* enquanto criador e utilizador do conjunto simbólico do sagrado e enquanto portador de crenças religiosas que orientam sua vida e seu comportamento. Cada religião tem sua posição específica sobre o homem, sobre a condição humana, sobre a inserção do homem no mundo e na sociedade. Os *Vedas*, os *Upanixades*, os textos budistas, os textos sumério-acádios e babilônicos, os documentos egípcios da época dos faraós e o pensamento greco-romano revelam-nos aspectos bem diferentes da antropologia religiosa. Por outro lado, a antropologia cristã encontra seu fundamento nas tradições bíblicas, no ensinamento do Novo Testamento; ela traz a marca decisiva

---

[5] J. Ries (org.), *Le Origini e il Problema dell'Homo Religiosus*, em: *Trattato di Antropologia del Sacro*, vol. 1, Milão, Jaca Book, 1989 (cf. a esse respeito a Bibliografia Orientadora).

de Jesus Cristo, o Homem-Deus que lança uma nova luz sobre o homem, sobre a condição humana, sobre o mistério do homem. Em suma, na sucessão dos milênios, o *homo religiosus* criou uma terminologia específica, ou seja, o vocabulário do sagrado, para dar conta da manifestação aos seus olhos de uma outra Realidade diferente das realidades da vida cotidiana. Essas manifestações são as hierofanias.

Este livro, apresentado agora aos leitores, é a síntese das pesquisas e das descobertas dos três volumes louvanienses da série *L'Expression du Sacré dans les Grandes Religions* (1978-1986). Cerca de vinte especialistas submeteram a um interrogatório o *homo religiosus* das grandes civilizações. Assim, a pesquisa filológica, realizada segundo as regras da semântica histórica, permitiu-nos definir um amplo leque de expressões do sagrado no decorrer de cinco milênios e lançar uma nova luz sobre o *homo religiosus*, sobre seu pensamento e sobre seu comportamento.

Prefácio

A história das religiões ocupa um lugar privilegiado entre as ciências humanas, por trazer uma contribuição fundamental aos debates que preocupam nossos contemporâneos: os que versam sobre cultura e humanismo, ciência e religião, religião e fé, psicologia do profundo e experiência religiosa, encontro entre as religiões e sociedade pluralista, teologia das religiões e especificidade do cristianismo.[1]

Os inúmeros traços preciosos que o homem deixou desde o Paleolítico até os nossos dias permitem que o historiador das religiões identifique os grandes traços do *homo religiosus*. São traços bem diversificados: vestígios arqueológicos, inscrições rupestres, pinturas, desenhos, esculturas; lugares de oração, grutas, santuá-

---

[1] O presente estudo constitui uma síntese sobre a questão do sagrado em relação ao *homo religiosus*. Ele se fundamenta em uma ampla pesquisa conduzida por um grupo de especialistas de religião nos três volumes coordenados por mim dedicados a *L'Expression du sacré dans les grandes religions*: RIES, I. J.; SAUREN, H.; KESTEMONT, G.; LEBRUN, R.; GILBERT, M.; *Proche-Orient Ancien et Traditions Bibliques*, Louvain-la-Neuve, 1978; II, RIES, J.; FUGIER, H.; LIMET, H.; LEBRUN, R.; VERPOORTEN, J. M.; KELLER, C. A.; MASSON, J.; DAUMAS, F.; SEVRIN, J. M.; JOMIER, J.; *Peuples Indoeuropéens et Asiatiques, Hindouisme, Bouddhisme, Religion Égyptienne, Gnosticisme, Islam*, Louvain-la-Neuve, 1983; III, RIES, J.; DUCHESNE-GUILLEMIN, J.; MALAISE, M.; MOTTE, A.; PONTHOT, J.; *Mazdéisme, Cultus Isiaques, Religion Grecque, Manichéisme, Nouveau Testament, Vie de l'Homo religiosus*, Louvain-la-Neuve, 1986. Foi publicado pela primeira vez como capítulo conclusivo do último volume da trilogia (pp. 331-397). É reapresentado aqui com algumas variações.

rios e templos; ritos de iniciação, ritos de passagem, ritos funerários; mitos cosmogônicos, mitos de origem, mitos de fundação, mitos escatológicos; inscrições, orações e hinos; rituais e livros sagrados; sacrifícios, gestos e atitudes dos orantes; procissões, peregrinações e grandes celebrações em louvor da divindade.

Graças a uma dupla abordagem, histórica e comparativa, esta rica documentação constitui o terreno sólido em que é possível fundar os estudos sobre o fenômeno religioso, as pesquisas sobre o comportamento do homem religioso e a tentativa de investigar a mensagem que ele deixou. História, fenomenologia e hermenêutica constituem as três vias complementares de uma autêntica história das religiões.[2]

---

[2] RIES, J.; em: *L'Expression du Sacré...*, I, op. cit., pp. 73-78.

Propostas metodológicas

O estudo do fenômeno religioso

No debate atual sobre a experiência religiosa reina uma grande confusão. A origem dessa confusão deve-se a diversas causas: a proliferação do vocabulário religioso, frequentemente acompanhada pela falta de precisão; uma ausência de rigor em diversos setores das ciências das religiões; uma verdadeira inflação no campo da literatura religiosa contemporânea.

Em primeiro lugar, é preciso esclarecer o conceito de religião. Através de sua imensa obra, que se estende pelo período de meio século, Georges Dumézil mostrou continuamente que uma religião não é apenas um amontoado de mitos, ritos e práticas diversificadas. Ela é antes de tudo um pensamento estruturado, que explica o divino e o cosmos e implica uma *Weltanschaaung*. Por outro lado, graças à visão de mundo que uma religião propõe, o *homo religiosus* se situa no cosmos e na sociedade, especificando sua relação com a divindade. Seu pensamento e sua inserção no mundo desembocam em um comportamento existencial específico. Assim, toda religião é um fenômeno histórico, vivido por homens e mulheres em um contexto social, cultural, histórico, econômico e linguístico preciso. Toda religião é vivida em um contexto social e individual e ocupa um lugar no espaço e no tempo.

Na ciência das religiões, a pesquisa começa necessariamente por uma investigação histórica, que constitui o alicerce do edifício das ciências religiosas. Através de sua abordagem, o historiador tenta reconstituir o conjunto das diversas formas religiosas. No entanto, seu trabalho não se limita a essa pesquisa histórica e crítica. De fato, a ciência moderna ensina-nos que a escala de referência constitui a especificidade de um fenômeno. Portanto, o estudo de um fenômeno religioso passa pelo exame dos dados específicos desse fenômeno enquanto fenômeno religioso. Os fatos religiosos revelam comportamentos que vão além do nível estritamente histórico-cultural de seu desenvolvimento. Todo fato religioso é uma experiência *sui generis*, irredutível a fatos não religiosos. Entre os inúmeros méritos de um pioneiro como Mircea Eliade, é preciso ressaltar sua tentativa de compreender a essência e as estruturas dos fenômenos religiosos, percebidos de um lado como historicamente condicionados e de outro na perspectiva do comportamento do *homo religiosus*.

Ao final de sua pesquisa histórica e fenomenológica, Eliade destacou o indispensável aspecto hermenêutico de um autêntico estudo das religiões. De fato, não basta examinar a documentação histórica, por mais rica que ela seja. Por outro lado, quando se procurou estabelecer o esquema de inteligibilidade dos fenômenos religiosos ainda não se disse tudo. Eliade insiste em um fato: que o fenômeno religioso deve encontrar lugar no conjunto dos objetos do espírito, para que se possa apreender seu aspecto trans-histórico. Essa interpretação levará em conta a relação vital que existe entre o *homo religiosus* e seu comportamento existencial.

O método hermenêutico é duplo. Ele tenta antes de tudo compreender a experiência vivida pelo homem religioso e a mensagem que brota dela. Sem dúvida, é impossível entrar no cerne da experiência da fé vivida pelo homem religioso, mas é preciso interpretar o discurso através do qual esse homem explica sua experiência. Nesse nível pode-se chegar a uma correta interpretação do esquema de inteligibilidade de toda experiência religiosa.

Partindo daqui, o historiador das religiões aplica todas as possibilidades do método comparativo para buscar o significado da mensagem do *homo religiosus* para o homem de hoje. Ao longo desse caminho, ele tenta decifrar e explicar toda a gama dos comportamentos do homem religioso no decorrer da história. Baseado na unidade espiritual da humanidade – o que é bem diferente da simples unidade da história humana –, este segundo método hermenêutico pode, de acordo com Eliade, dar origem a uma nova antropologia filosófica, que desemboca na criação de um humanismo religioso.[1]

A discussão sobre o sagrado

A opção sociológica

As pesquisas sobre o sagrado começaram no final do século XIX. No início do século XX, a escola sociológica francesa, fortemente marcada pelo positivismo e pelo evolucionismo, vê no sagrado uma categoria conceitual cuja origem deveria ser buscada na sociedade. Identificado com o *mana* dos primitivos descoberto por alguns etnólogos, o sagrado é considerado uma categoria da consciência coletiva. Assim, é no totem dos povos primitivos que Émile Durkheim procurou a origem da religião e das religiões. Ultrapassando essa doutrina da identidade do

---

[1] ALLEN, D.; *Structure and Creativity in Religion. Hermeneutics in Mircea Eliade's Phenomenology and New Directions*, Haia, Mouton, 1978.

mana e do sagrado, Henri Hubert e Marcel Mauss não hesitaram em afirmar a identidade do sagrado e do social. Viram no sagrado uma ideia-força em torno da qual estão concatenados os mitos e os ritos.

Um filósofo da escola durkheimiana, Lucien Lévy-Bruhl, transpôs as doutrinas sociológicas para o âmbito do pensamento primitivo, que ele chama de pensamento pré-lógico. Ele estabelece uma dicotomia no pensamento da humanidade, que dissolve o conceito de unidade espiritual do gênero humano. Ao perceber o uso político que a ideologia nazista fazia dessa tese, Lévy-Bruhl repensou e retificou suas concepções.

As posições sociológicas foram sistematizadas por Roger Caillois. Aos olhos deste último, o sagrado apresenta-se como uma propriedade estável e passageira, introduzida em acréscimo ao real. Trata-se de uma energia misteriosa e perigosa, difícil de controlar mas muito eficaz. Na sua sociologia do sagrado, Caillois enfatizou os esforços que o homem faz para evitar o envelhecimento da sociedade. Tentou demonstrar a dialética entre sagrado e profano: sagrado de respeito, sagrado de transgressão, sagrado de dependência, sagrado de infração e sagrado de regulamentação alternam-se com o profano e garantem o equilíbrio e o funcionamento do grupo social. Em sua obra *La Violence et le Sacré*, René Girard permaneceu na linha durkheimiana. Tentou elaborar uma teoria sobre a identidade entre violência e sagrado. Através de sua teoria da violência básica, ele pensava encontrar os fundamentos da religião primitiva. A obra de Girard constitui uma tentativa de interpretação dos ritos e dos mitos fundadores da nossa civilização.[2]

---

[2] Cf. RIES, J.; em: *L'Expression du Sacré...*, I, op. cit., pp. 44-48.

A opção fenomenológica

Logo se abre um novo caminho que tenta compreender o fenômeno específico do sagrado. Nathan Söderblom está interessado na origem psicológica do conceito de sagrado, que ele busca na reação do espírito humano à presença daquilo que parece surpreendente em sentido sobrenatural. Rudolf Otto descobre três aspectos do sagrado: o sagrado como numinoso, o sagrado como valor, o sagrado como categoria *a priori* do espírito. No decorrer de quatro etapas – *Kreaturgefühl*, *tremendum*, *mysterium*, *fascinans* – o homem se aproxima do mistério e descobre a majestade divina. Graças à interpretação dos sinais do sagrado, o homem religioso pode perceber e descobrir o numinoso que se manifesta no decurso da história. Assim, ao lado da revelação interior e individual do sagrado, existe uma revelação histórica. Na opinião de Otto, é nessa dupla manifestação do sagrado que se fundamentam respectivamente a religião pessoal e as diversas religiões. Os profetas e os fundadores de religiões são intérpretes do sagrado; o Filho de Deus é seu testemunho.

Continuando o caminho iniciado por Otto, Gerardus van der Leeuw procurou apreender melhor as duas faces de toda religião: de um lado, a face do mistério; de outro lado, a face da experiência vivida pelo homem. Nosso autor se coloca na condição de observador do *homo religiosus* diante da manifestação do sagrado; uma posição que lhe permite traçar as grandes linhas do homem religioso.[3]

---

[3] *Ibid.*, pp. 55-70.

A opção antropológica e hermenêutica

A continuação da pesquisa fenomenológica dá a Mircea Eliade a possibilidade de mostrar que o sagrado se manifesta como potência de ordem totalmente diferente em relação à ordem das forças naturais. O homem apreende o sagrado porque ele se manifesta. Eliade considera essa manifestação um elemento essencial, pois ela permite descrevê-lo. Para indicar o ato da manifestação do sagrado, propõe um termo: hierofania. O historiador das religiões encontra-se na presença de numerosas hierofanias, o que lhe permite captar, de um lado, a homogeneidade da natureza do sagrado e, de outro, a notável heterogeneidade de suas formas. Toda hierofania é inseparável da experiência religiosa. A análise das diversas hierofanias permite apreender três elementos presentes em todas as manifestações do sagrado: o objeto natural através do qual ocorre a manifestação; a realidade invisível que se manifesta e que R. Otto chama o "numinoso", o divino; o elemento de mediação ou objeto natural revestido de sacralidade, por esse mesmo motivo separado de seu contexto natural.

A análise de Eliade permitiu que o historiador das religiões chegasse a uma nova etapa na descoberta do sagrado. É através da fenomenologia de sua manifestação que o historiador capta a natureza do sagrado: ele é uma potência de ordem diferente da ordem natural. Assim, o sagrado revela ao homem uma potência transcendente que tem sua fonte na divindade. Por outro lado, a análise da noção de hierofania mostra que o sagrado desempenha um papel fundamental como mediador entre a realidade transcendente e o *homo religiosus*. É no nível da mediação que se situa o mistério expresso por um conjunto simbólico de mitos e ritos. Graças aos trabalhos de Eliade, que as pesquisas de Dumézil e de

Ricoeur corroboram e explicam, o historiador das religiões dispõe de um precioso instrumental, que permite compreender melhor aquele personagem central da história humana, o *homo religiosus*, e apreender a mensagem histórica e trans-histórica de que ele é portador. Podemos falar de uma antropologia do sagrado e de uma hermenêutica do sagrado.[4]

A questão do sagrado

Logo após a Segunda Guerra Mundial, começou no Ocidente uma discussão sobre o sagrado, mais conhecida como "questão do sagrado". Na origem dessa discussão encontra-se um movimento teológico que buscava parte de sua inspiração nos escritos do cárcere de Dietrich Bonhoeffer, um teólogo luterano alemão discípulo de Karl Barth e forte resistente ao nacional-socialismo de Hitler – algo que lhe custou a vida. De acordo com Bonhoeffer, a humanidade está encaminhando-se para uma época não religiosa. Por isso a teologia deve deixar de confiar em um *a priori* religioso do homem. A religião e o *homo religiosus* correspondem a uma época da humanidade que logo vai terminar.

O caminho aberto por Bonhoeffer foi continuado pela teologia da morte de Deus. Essa teologia esforçou-se para separar e até para contrapor a fé e a religião. A fé é a relação do fiel com o Deus vivo. A religião traz a marca do sagrado. A teologia da morte de Deus procura mostrar que a secularização, fruto da civi-

---

[4] ELIADE, M.; *La Nostalgie des Origines*, Paris, Gallimard, 1971, pp. 1-84 (ed. orig. *The Quest. History and Meaning in Religion*, Chicago/Londres, The University of Chicago Press, 1969; *La Nostalgia delle Origini. Storia e Signicato nella Religione*, trad. it. de A. Crespi Bortolini, Brescia, Morcelliana, 1980).

lização industrial, representa uma chance para o desenvolvimento de uma fé verdadeiramente purificada. Como se vê, essas teses teológicas deram início ao debate sobre o sagrado em uma perspectiva limitada ao âmbito da teologia cristã. Numerosos teólogos cristãos reagiram, e no decorrer de três décadas assistimos a um debate sobre o sagrado conduzido por autores que não tinham praticamente nenhum conhecimento do vasto âmbito do sagrado investigado pelo historiador das religiões.[5]

Paralelamente a essa controvérsia teológica situa-se a posição reducionista de alguns psicólogos da religião, convencidos de que "a fábula do sagrado" foi fabricada pela ciência das religiões no início do século XX. Nessa ciência eles veem uma "esquerda" guiada por Durkheim e uma "direita" que tem R. Otto como líder. Para esses psicólogos da religião, a esquerda e a direita têm uma característica comum: buscar na experiência afetiva do sagrado a mãe das religiões. Essa "fábula do sagrado" seria a origem de uma psicologia confortável e vulgarizada, que associa o conceito de sagrado ao de necessidade. Desse modo, os ritos teriam como origem uma necessidade de sacralização.[6]

Não queremos nem iniciar nem continuar a discussão em torno da questão do sagrado provocada pelos teólogos e alimen-

---

[5] GRAND'MAISON, J.; *Le Monde et le Sacré*, 2 vols., Paris, Éditions Ouvrières, 1966-1968 (*Il Mondo e il Sacro*, 2 vols., trad. it., Roma, Edizioni Cinque Lune, 1969-1972); E. MARTIN, P. ANTOINE, *La Querelle du sacré*, Paris, Beauchesne, 1970; Foi et religion, *Recherches et Débats*, 73, Paris, DDB, 1971; SIMON M. (org.), *Le Retour du Sacré*, Paris, Beauchesne, 1977.

[6] VERGOTE, A.; *Religion, foi, incroyance*, Bruxelas, Mardaga, 1983, pp. 120-132 (*Religione, Fede, Incredulità*, trad. it. de C. La Cava, Cinisello Balsamo, Edizioni Paoline, 1985).

tada pelos psicólogos. Isso nos levaria longe e nos obrigaria a sair do nosso trabalho de historiadores das religiões. Limitamo-nos a fazer uma constatação: as teses teológicas secularizantes e as posições reducionistas dos psicólogos da religião não contribuíram para esclarecer o debate em torno do sagrado. Em vez disso, propomos que se tome um outro caminho. Trata-se de um caminho de percurso longo e difícil e que precisa da ajuda de especialistas das grandes religiões da humanidade. Esse caminho nos parece sólido: é o caminho da semântica histórica.

O sagrado à luz da semântica histórica

Homo faber, homo sapiens, homo religiosus

O historiador das religiões que dirige seu olhar para o passado chega a um cruzamento que constituiu o ponto de partida da longa marcha da humanidade e que chamamos de pré-história. Ali encontra um homem com o qual começa seu caminho no sentido da história. Os estudiosos da pré-história deram a esse personagem um nome: *homo faber*. Nós o conhecemos graças a tudo o que ele fabricou, especialmente graças aos utensílios e às armas. O caminho continua, e logo encontramos esse personagem esculpindo gravuras rupestres e pintando grutas transformadas em santuários. Os estudiosos da pré-história atribuem-lhe então um outro nome: *homo sapiens*. Examinando suas pinturas, suas inscrições, seus desenhos, e estudando seu comportamento em relação aos seus mortos, o historiador das religiões constata que esse homem acredita em uma Realidade que ultrapassa o mundo e que pensa em uma sobrevivência após a morte. Esse homem é um *homo religiosus*. Seu modo de viver mostra numerosas analogias com o modo de viver de certas culturas orais da atualidade. Graças à comparação com estas, compreendemos que o *homo religiosus* da pré-história fez uma experiência religiosa na qual interveio a crença em um Ser Supremo. A descoberta da crença primitiva em um Ser Supremo, realizada por Andrew Lang e por Wilhelm Schmidt, foi examinada primeiramente por Raffaele Pettazzoni e depois por Mircea Eliade. A simbologia urânica parece ter deixado sua marca na visão e no pensamento do *homo religiosus* arcaico.[7]

Linguagem e mensagem do homo religiosus

Ao final de um caminho muito longo, o *homo religiosus* começa a nos transmitir seu pensamento através de sinais e símbolos que nos esforçamos para decifrar. Esses sinais não demoram a se multiplicar graças às diversas escritas que inventou. Ele registrou nos livros sagrados seus mitos, suas orações, seus hinos, seus ritos. Seu rosto sai da sombra, sua figura aparece em plena luz, sua mensagem chega até nós com toda a clareza. O que ele nos diz no presente esclarece os sinais e os símbolos precedentes. A unidade espiritual entre seu pensamento primitivo, percebido de modo fragmentário através dos documentos arqueológicos, e seu pensamento atual, transmitido com clareza pelos seus textos sagrados, é evidente. Entre a infância espiritual do *homo religiosus* arcaico e sua maturidade manifestada nas primeiras grandes civilizações, não existe nenhuma ruptura. Não é possível dividir a humanidade em dois troncos, adotando a teoria de uma mentalidade pré-lógica

---

[7] RIES, J.; *Le Symbole et le Symbolisme dans la Vie de l'Homo Religiosus*, Col. Information et Enseignement, Louvain-la-Neuve, 1982, pp. 135-147.

que seria sucedida por uma mentalidade lógica. No instrumental científico do historiador das religiões, completado e aprimorado por Georges Dumézil, a comparação genética constitui um elemento precioso. Ela permite projetar-se na pré-história, o que põe sob uma nova luz o longo caminho do *homo religiosus*.

Mostrar a unidade espiritual da humanidade desde o Paleolítico até os nossos dias certamente foi uma grande conquista da história das religiões. Ela permite compreender o *homo religiosus*, seu pensamento, seu comportamento, sua experiência espiritual no cosmos. Hoje compreendemos que, desde as origens, ela assumiu uma forma de existência específica e reconhecível em cada etapa de seu caminho. De acordo com a brilhante elaboração de Mircea Eliade, o *homo religiosus*, seja qual for o contexto histórico em que tenha vivido, mostra sua fé em uma Realidade absoluta que transcende o mundo em que se desenvolve sua vida e que se manifesta naquele mundo, conferindo-lhe uma dimensão de completude.

O vocabulário do sagrado

Há mais de cinco milênios o *homo religiosus* fixou na pedra, na argila, nos papiros, nos pergaminhos, na madeira e em outros materiais a lembrança de sua experiência e de suas crenças. Não deixou de aperfeiçoar e de tornar mais precisos seu pensamento e sua linguagem; criou palavras para falar de sua experiência religiosa. É essa a origem do vocabulário do sagrado. Friedrich Max Muller já mostrara que a língua é um testemunho irrefutável do pensamento. Graças à filologia comparada, esse estudioso criou, no final do século XIX, a história comparada das religiões. No século seguinte, o instrumental comparativo conhece um sensível aperfeiçoamento. A partir da semântica histórica podemos realizar um trabalho comparado sobre a expressão do sagrado nas diversas religiões.

Na trilogia sobre o sagrado a que já nos referimos, submetemos portanto o *homo religiosus* das grandes civilizações a uma interrogação sistemática, para conhecer seu pensamento e sua experiência no âmbito do sagrado. Para compreender sua psicologia, seu comportamento, seu pensamento, não nos limitamos a uma simples sondagem de opinião, mas escolhemos o caminho de uma análise séria.

2. O sagrado e o homem religioso das grandes civilizações

O sagrado na civilização indo-europeia

No *Lapis Niger* descoberto em Roma em 1899, não distante do Comitium, em um lugar chamado "Túmulo de Rômulo" e datado dos inícios da época dos reis, figura a palavra *sakros*. Esse termo é a expressão de um pensamento e de um comportamento que se encontram em toda a extensão da área das migrações indo-europeias. Deriva do radical *sak-*. Este último está na origem de diversas formulações do "sagrado": *sakan-* em germânico, *saklai-* em hitita, *hagios* e *hagnos* em grego, *sakrim* em osco, *saka* em antigo islandês, *sahha* em alto-alemão arcaico. Do radical *sak-* e da palavra *sakros* derivam *sacer* e *sanctus*, em latim. Assim, desde a fundação de Roma, encontramo-nos na presença do vocabulário e do problema do sagrado.[1]

O sagrado em Roma e no mundo latino

Georges Dumézil identificou, delimitou e explicou a vasta herança indo-europeia presente nas origens de Roma. Mostrou o papel essencial de uma teologia das três funções, encarnada em

---

[1] FUGIER, H. *Recherches sur l'Expression du Sacré dans la Langue Latine*, Paris, Les Belles Lettres, 1963, pp. 112-116.

três divindades: Júpiter, detentor da soberania celeste e jurídica; Marte, Deus da força e da guerra; Quirino, divindade responsável pelo sustento do povo. Desde os tempos mais antigos, o romano procurou tornar sua vida e sua atividade perfeitamente conformes à vontade dos deuses, o que explica o papel dos áugures, dos ritos, da *pax deorum* e das diversas festas. Nessa *religio*, o *sacerdos* põe a oração e o culto dos deuses sobre bases sólidas, no momento em que o *imperator* reconhecido pelos deuses no dia da *inauguratio* é repleto do *ojas* (*augustus*), a força misteriosa que lhe permite cumprir dignamente suas funções.[2]

Do radical *sak-* deriva *sancire*, um verbo que significa "conferir validade, realidade; fazer com que algo se torne real". Assim, *sak-* constitui a base do real e toca a estrutura fundamental dos seres e das coisas. Em sentido ritual e cultual, *sacer* assinala ao mesmo tempo uma separação e uma fascinação intensa. Designa também a natureza divina. *Sanctus* qualifica pessoas. O vocábulo descreve a garantia que provém de um ato fundador. Os reis são *sancti* pelo fato de terem sido escolhidos de acordo com a vontade dos deuses, o que os qualifica para o exercício de suas funções. Os senadores são chamados *patres sancti* devido à sua missão, que está na base das atividades do povo romano. Assim, o radical *sak-*, descoberto na herança indo-europeia presente nas origens de Roma, permite-nos comprovar a ideia fundamental e arcaica do sagrado indo-europeu: "em relação com os deuses" e "conforme

---

[2] DUMÉZIL, G.; *La Religion Romaine Archaïque*, Paris, Payot, 1974[2] (*La Religione Romana Arcaica*, trad. it. Org. Por F. Jesi, Milão, Rizzoli, 2001[2]). Cf. FUGIER, H.; *Recherches sur l'Expression du Sacré...*, op. cit., e Sémantique du "sacré" en latin, em: *L'Expression du Sacré...*, II, op. cit., pp. 25-85.

ao real". O sagrado funda a *religio*, que deve levar os romanos a compreender as estruturas do cosmos e a estabelecer o funcionamento harmonioso das relações entre homens e deuses.

A sacralidade no mundo hitita

O testemunho dos hititas é precioso, porque provém dos mais antigos documentos escritos da civilização indo-européia. O termo *saklai* é um substantivo cujo sentido profano é "hábito" e cujo sentido sagrado é "rito", ou seja, a norma segundo a qual é oportuno celebrar uma divindade. Na palavra reencontramos o radical *sak-* do sagrado indo-europeu.[3]

Em hitita/nesita o adjetivo *šuppi-* exprime a noção de sagrado e refere-se ao âmbito de pertencimento ao mundo divino. Do radical *šuppi-* derivam os verbos hititas que significam "consagrar", "tornar sagrado". A divindade é *šiu*, do radical indo-europeu + *dyu*, "ser de luz de uma brancura resplandecente". Estamos no contexto das ideias de sabedoria, inteligência e perfeição ligadas ao conceito de luz. Há um requisito na base de tudo o que toca a divindade de perto ou de longe, como as ofertas e os santuários, os sacerdotes e o culto. Esse requisito é expresso pela palavra *parkui*, "pureza", qualidade necessária para se aproximar dos deuses e entrar no contexto *šuppi*.

O sagrado nas religiões da Índia

Criar uma antropologia do sagrado védico, do sagrado brâmane e do sagrado hindu seria no mínimo oportuno, uma vez que na Índia

---

[3] LEBRUN, R.; em: *L'Expression du Sacré...*, I, op. op. cit., pp. 155-202.

o sagrado é onipresente. Exprime-se através de símbolos, gestos, ritos, cores e muitas outras expressões não verbais. Há também um vocabulário do sagrado cujo estudo é bastante importante para esclarecer o sentido dos ritos, dos sinais e dos comportamentos religiosos.[4]

Na Índia não existe sagrado sem divino. No entanto, é preciso distinguir o sagrado do divino. Para Eliade, o sagrado é conhecido porque se manifesta. Esse aspecto merece ser ressaltado aqui, pois no vasto mundo da religiosidade hindu o sagrado apresenta-se como uma manifestação do divino e como um elemento de mediação entre o homem e o divino. A noção de hierofania é particularmente adequada para explicar o conceito hindu de sagrado.

O *homo religiosus* da Índia considera o divino como eternamente puro, totalmente distinto do mundo empírico. O divino se manifesta como uma potência. Ela é bem delineada pela palavra *śrī*, um vocábulo de amplo campo semântico: "potência, honra, esplendor". A palavra encontra-se personificada na deusa *Śrī*, deusa da fortuna, da vida, uma deusa que a Índia identificou com Lakshmi, a esposa de Vishnu. *Śrī* define o sagrado. Encontramos a palavra em nomes divinos, em nomes de pessoas, em títulos de livros, na designação de certos lugares. *Śrī* mostra o sagrado, percebido como potência e como esplendor.

O divino é uma força que age, mas sua ação se exerce através de fenômenos, seres, coisas e pessoas que são *punya*. Estamos diante de um segundo termo do sagrado. *Punya* qualifica um mundo equilibrado, uma razão na qual a vida é bem-estar, um país onde vivem "santos". *Punya* aplica-se a um rio cujas águas conferem pu-

---

[4] KELLER, C. A. em: *L'Expression du Sacré...*, II, op. cit., pp. 189-247.

rificação e santificação. Em suma, esse adjetivo aplica-se a seres, lugares, coisas particularmente eficazes no sentido das realidades religiosas. Assim, alguns homens são denominados *punya* pelo encanto e a santidade de suas obras. Com *punya* estamos no "âmbito do sagrado", que se caracteriza de duas maneiras: de um lado, esse âmbito estabelece uma relação com o divino; de outro lado, ele se opõe a tudo o que é *papa*, isto é, "culpa e mácula". Vocábulos como *śrī* e *punya* mostram que na Índia o sagrado deriva da manifestação do divino e, desse modo, encontra-se na origem da eliminação dos obstáculos e das máculas que freiam e oprimem o homem.

O sagrado na religião masdeísta

O masdeísmo ou zoroastrismo é um conjunto de tradições religiosas indo-europeias vividas pelos povos do Irã a partir do início do primeiro milênio antes de Cristo até a conquista árabe, seguida pela conversão do Irã ao islamismo. Nele encontramos a herança ariana, a teologia das três funções, as três classes sociais e um desenvolvimento original da doutrina da soberania com o deus Ahura Mazda e o deus Mitra, as duas figuras principais do panteão iraniano, que Zaratustra (Zoroastro) submeteu a uma importante reforma. A pesquisa dessa função soberana, vista como função do sagrado, começou graças aos trabalhos de Georges Dumézil.[5]

Por enquanto, nossa pesquisa limita-se à expressão do sagrado. J. Duchesne-Guillemin realizou uma investigação sistemática do tema, mostrando ao mesmo tempo a riqueza e a variedade do vo-

---

[5] DUMÉZIL, G., *Les Dieux Scuverains des Indo-Européennes*, II, Paris, Gallimard, 1977 (*Gli dei Sovrani degli Indoeuropei*, trad. it. de A. Marietti, Turim, Einaudi, 1985).

cabulario masdeísta do sagrado. Em seus estudos sobre o sagrado, influenciados pela perspectiva de seu mestre Durkheim, Nathan Söderblom situava o sagrado na origem da religião, mas se distanciava de uma perspectiva puramente sociológica. De fato, ele insistia nas noções de pureza e de purificação. E. Benveniste analisou mais sistematicamente o vocabulário avéstico do sagrado[6], e a partir daí J. Duchesne-Guillemin esclareceu seus conceitos.

O adjetivo *spenta* tem importância central no Avesta, a coletânea de livros sagrados do zoroastrismo. É a qualidade atribuída a Ahura Mazda, o Senhor Sábio, e coletivamente aos imortais, ou seja, às divindades que presidem a vida material e espiritual do homem e que Dumézil chama de Arcanjos.[7] Essas Entidades são colocadas ao redor de Ahura Mazda. O adjetivo *spenta* é aplicado a todo o universo religioso masdeísta: aos homens justos e santos, ao boi que será sacrificado, à palavra eficaz, aos cantos, aos hinos, ao *haoma*, ao licor do sacrifício. O termo *spenta* deu origem a diversos adjetivos e substantivos, utilizados para exprimir a sacralidade e a santidade.

O termo *yaoždā* está na origem de uma ampla gama de conceitos do sagrado: "tornar íntegro, intacto", "purificar", "santificar". Essa noção de purificação aplica-se a todos os instrumentos do culto antes da celebração e à água que deve ser preparada para lavar as manchas e realizar as consagrações. Além disso, ela designa a palavra sagrada. Os *yazata* são os deuses encarregados de combater os seres maléficos.[8]

---

[6] BENVENISTE, E.; *Le Vocabulaire des Institutions Indo-Européennes*, II, Paris, Éditions de Minuit, 1975, pp. 180-184 (*Il Vocabolario delle Istituzioni Indoeuropee*, 2 vols., trad. it. org. por M. Liborio, Turim, Einaudi, 2001).

[7] DUMÉZIL, G.; *Naissance d'Archanges*, Paris, Gallimard, 1945[5].

[8] DUCHESNE-GUILLEMIN, J.; em: *L'Expression du Sacré...*, III, op. cit., pp. 15-24.

O sagrado no pensamento religioso grego

A religião grega estende-se ao longo de dois milênios, desde as origens micenianas do século XVI a.C. até seu desaparecimento, no início do século V de nossa era. A herança miceniana provém da fusão de duas civilizações: de um lado, a dos invasores indo-europeus – os primeiros chegaram por volta do início do segundo milênio – e, de outro, as tradições neolíticas, que encontramos na civilização minóica a partir do terceiro milênio. Esse encontro de duas grandes culturas está na origem do pensamento grego e lhe confere sua originalidade no concerto dos povos indo-europeus.

Ao lado da riqueza proveniente de duas heranças cultural e religiosamente muito densas, é preciso levar em conta a experiência única do homem grego. É a partir de seu pensamento religioso, do qual ele realizou uma primeira síntese no início do segundo milênio, que o grego criou diversas formas de vida social, uma tradição política que se destaca das dos outros povos mediterrâneos e uma arte, uma literatura e uma metafísica cujas repercussões influenciaram toda a cultura ocidental. A noção de sagrado mostra-se essencial para o *homo religiosus* grego. Ela engloba o mundo divino, percebido de maneiras diferentes no decorrer de vinte séculos, e se aplica às numerosas situações vividas em todo o arco da história – uma história que conheceu épocas de grande esplendor. Esses fatos explicam, de um lado, a riqueza do vocabulário do sagrado e, de outro, a amplitude e a variedade das experiências realizadas no contexto do "milagre grego".

A pesquisa tradicional sobre o sagrado grego

No último século, fez-se uma série de estudos sobre o sagrado no pensamento, na arte e na religião do mundo grego. Através de uma visão de conjunto dessas pesquisas foi possível apreender os quatro termos principais que expressam o conceito de sagrado: *hagnos*, *hagios*, *hieros* e *hosios*.

Hagnos, adjetivo verbal de *hazesthai*, é a mais antiga expressão do sagrado. Na época de Homero o verbo expressava tanto o temor religioso como o sentimento de terror que se experimenta na presença da divindade. Festugière vê nisso um dado arcaico que provém da palavra *thambos*: é a reação do homem na presença do numinoso. Dessa descoberta primordial do homem grego deriva o sagrado de majestade: o homem toma consciência da grandezados deuses quando está diante deles. Depois compreende que deve dar o primeiro passo para se aproximar deles: é o nascimento do ritual e do culto, o sagrado de consagração. Nesse aspecto do sagrado, traduzido por *hagnos*, encontramos os santuários, os lugares sagrados, os templos, os bosques sagrados e todos os objetos do culto. O fiel sabe que deve tornar-se digno de se aproximar dos deuses e de penetrar nos lugares sagrados. *Hagnos* caracteriza também a condição exigida do fiel. Assistimos à passagem do sagrado à pureza. Historicamente, a consagração dos lugares sagrados é atestada desde o início do segundo milênio: os invasores indo-europeus ocuparam santuários pré-helênicos: a Acrópole de Atenas, Elêusis, Argos, Delfos, Delos. A sacralidade desses lugares, traduzida por *hagnos*, provém de sua referência ao divino. Sagrado de majestade e sagrado de consagração perdem-se na noite dos tempos e são inseparáveis.

Hagios é um outro adjetivo verbal de *hazesthai*. Heródoto associa-o aos lugares sagrados. Na comédia ática, a palavra evoca a grandeza e a majestade dos deuses, com frequência alternada com *semnos*. Em Platão, *hagios* evoca a sublimidade e o isolamento da divindade. Depois de Alexandre, *hagios* é utilizado para falar dos deuses orientais como Serápis e Sabácio ou de deuses de especial prestígio, como Ártemis de Éfeso ou Ísis. Javé, o Deus de Israel, é *hagios* devido à sua transcendência absoluta. Os gregos parecem ter conhecido bem a diferença entre sua concepção da divindade e a dos povos orientais. *Hagios* raramente qualifica um deus do helenismo pagão. Por outro lado, os tradutores gregos da Bíblia escolheram o epíteto para traduzir *qadoš* e *qodeš*, o sagrado e a santidade do Antigo Testamento. *Hagios* passará a ser o termo principal do sagrado bíblico.

Uma palavra de origem pré-helênica, *hieros*, tornou-se o significante preferido do sagrado cultual. Nos textos homéricos nunca se aplica a uma pessoa. O plural, *hiera*, costuma designar um desdobramento de forças que provêm de uma ação divina. Quando se trata de determinar objetos que tocam a esfera divina ou então a natureza vista sob seu aspecto de consagração à divindade, encontramos *hieros*: é o caso da luz resplandecente e da terra repleta de frutos e de colheitas. O emprego do epíteto se generaliza quando se fala dos templos, dos santuários, ou então nos discursos sobre os deuses, os *hieroi logoi*. O vocábulo qualifica também duas pessoas que estão em estreita relação com as divindades, ou seja, o sacerdote e o rei. No período helenístico *hieros* faz parte do vocabulário corrente do culto dos soberanos e da celebração dos mistérios.

Na época clássica, *hosios* tem o sentido de "aquilo que é prescrito ou permitido aos homens pelos deuses", enquanto *hieros* significa "reservado aos deuses". Trata-se de um sagrado jurídico que se refere às disposições dos deuses que se ocupam das relações dos homens entre si.

Uma nova pesquisa sobre a sacralidade grega

Consciente da centralidade do sagrado na religião grega, André Motte realizou uma profunda pesquisa do sagrado nos traços deixados pelo *homo religiosus* desde Homero (século VIII) até Alexandre (século IV), um período decisivo para a formação do helenismo.[9] Essa pesquisa situa-se em três níveis. Começa com um exame do vocabulário através do qual se traduz e se expressa a experiência religiosa; continua com a análise de cenas e de mitos, testemunhos do encontro do grego com o sagrado; termina considerando os filósofos diante do sagrado, uma vez que os filósofos gregos foram os primeiros a refletir de maneira sistemática sobre a crença nos deuses e sobre o comportamento religioso dos homens.

As abordagens filológicas

Preocupado em fazer um inventário das palavras que significam o sagrado, André Motte ampliou o campo habitual dessa pesquisa. Começa por *hieros*, já documentado nas tabuinhas micênicas e presente em todas as regiões da Grécia, na poesia e na prosa. O termo é bastante antigo. *Hieros* deu origem a uma quantidade enorme de termos. A palavra pertence ao vocabulário religioso. Qualifica realidades e espaços naturais: a noite, o dia, a luz, o fogo celeste, a terra, as nascentes, os lagos, as grutas, os vegetais, os animais. Se chega a caracterizar os seres humanos, é devido ao poder que eles detêm: o rei, o sacerdote, o iniciado. Motte constata que o uso intenso que os gregos fizeram desse termo e a multiplicidade das realidades que ele designa são impressionantes.[10] Mas *hieros* nunca se aplica à pessoa de um deus.

---

[9] MOTTE, A.; em: *L'Expression du Sacré...*, III, op. cit., pp. 109-256. Esse estudo muito aprofundado esclarece o vocabulário do sagrado, bastante rico na língua grega.
[10] *Ibid.*, p. 121.

A palavra procura circunscrever um espaço intermediário entre os deuses e os homens. Desse modo, *to hieron* designa o recinto sagrado, o santuário. A área de todo santuário é estabelecida por uma decisão divina, percebida através de um fato ou um acontecimento. Daí deriva a perenidade dos santuários, dos ritos e das festas. O exame dos usos de *hieros* mostra a estreita ligação existente entre o conceito de sagrado e o de potência. *Hieros* exprime o sagrado "na sua realidade mais plena e ativa", mas muitas vezes significa que uma certa coisa está reservada a um deus.[11]

Hagios veio mais tarde. Nós o encontramos pela primeira vez em Heródoto, onde qualifica os lugares de culto. O epíteto obtém a simpatia de Platão. Ao contrário do que acontecerá na época helenista em relação às divindades orientais, na época clássica *hagios* nunca é um atributo dos deuses. *Hagnos* é encontrado desde a época de Homero: é muitas vezes aplicado aos deuses. Com *hagnos* aparece uma das grandes dimensões do sagrado grego, a da pureza, cujo campo semântico parece ligado a esse termo desde uma época muito antiga. Trata-se da percepção do divino na sua integridade e pureza. Na época clássica, esse divino torna-se purificador: "Algumas divindades qualificadas como *hagnos* viram esse epíteto ser estendido também a coisas que lhes dizem respeito, e ele acabou sendo aplicado também aos seres humanos".[12] Com *hagnos* a pureza divina tem algo de exemplar: sagrado, pureza e santidade estão ligados uns aos outros. Trata-se de um conceito de pureza que não é abstrato, mas de caráter vital.[13] *Hagnos* e *katharos* frequentemente

---

[11] *Ibid.*, p. 128.
[12] *Ibid.*, p. 138.
[13] *Ibid.*, p. 148.

estão acoplados. Proveniente da raiz *hag-*, a palavra *agos* é a expressão de um poder exercido pelo sagrado, especialmente em relação àqueles que violam a ordem e o juramento.

Hosios, *hosia* e *hosiotés* foram objeto de numerosas controvérsias, que acabaram esclarecendo o sentido dessa família grega da expressão do sagrado.[14] Sem dúvida, trata-se de um conceito normativo do sagrado que se refere à ordem imposta: comportamentos, atitudes, pessoas. *Hosios* expressa a sacralidade das leis, traduzindo a vontade expressa pelos deuses no culto e na vida social: a palavra se aplica às relações humanas, mas também aos deveres impostos aos homens no âmbito do culto. Ao vocabulário normativo do sagrado pertence também a palavra *themis*, já encontrada em miceniano.

Depois de esclarecer o campo semântico de *hieros*, *hagios*, *hagnos* e *hosios*, os quatro termos habitualmente considerados expressivos do sagrado grego, A. Motte estende sua pesquisa ao vocabulário menos usual. Há uma raiz que deu origem a uma família importante: a raiz *seb-*. *Sebesthai* e *sebas*, já em uso em Homero, levam à veneração, apreendida em um contexto emocional. *Eusebeia*, palavra clássica da devoção grega retomada pelos autores do Novo Testamento, implica uma disposição interior que orienta a atitude em relação aos deuses e a tudo o que é *hieros*: ritos, lugares, objetos, pátria, céu, parentes, mortos, suplicantes, amigos. Nele encontramos também a ideia de conformidade aos usos ancestrais. No século V aparece *semnos*, cuja extensão aumenta sobretudo na linguagem dos mistérios. *Semnos*, "augusto", é um epíteto aplicado às divindades, sobretudo às deusas como Demetra, Core, as Erínias. O qualificativo se desloca com facilidade do

---

[14] *Ibid.*, p. 165.

sentido religioso para o sentido ético, exatamente como *hagnos*.

Próximo de *hazesthai* e *sebesthai* encontramos *aidesthai*, cujo significado é orientado para o sentido de respeito, de veneração e de temor ou para a vergonha, o pudor e a devoção. Esses sentimentos e essas atitudes podem ter como objeto seres divinos ou pessoas e coisas que representam valores que exigem ser respeitados.[15]

Motte insiste muito no registro emocional, o que nos leva a pensar na importância que o mundo grego confere à antropologia do sagrado, um âmbito que ainda precisa ser explorado. Festugière havia chamado a atenção para a antiga palavra *thambos*, em que descobriu a reação do homem diante de cada manifestação do sobrenatural, situando-a nos inícios da religião grega. As palavras dessa família – cujo registro emocional é manifesto: espanto e temor de um lado, deslumbramento e admiração de outro – já apareciam em Homero e em Hesíodo. *Thambos* é frequentemente ligado ao contexto de uma epifania divina.

Paralelamente aos epítetos do sagrado temos palavras que significam "o divino". É preciso citar antes de tudo os adjetivos derivados de *theos*, empregados para determinar tudo aquilo que está em relação com os deuses, com a presença, às vezes, de um deslizamento para o sentido de "sinal de superioridade". Em diversos casos o adjetivo *theos* pode substituir palavras que significam o sagrado. *Daimōn* designa os deuses que são prepostos ao destino dos homens, mas resvala para o sentido de "destino" propriamente dito e se aplica sobretudo às divindades menores, frequentemente pouco personalizadas.[16]

---

[15] *Ibid.*, pp. 161-162.
[16] *Ibid.*, pp. 176-177.

A expressão simbólica do sagrado

Ordenando os fatos, Motte ressaltou a riqueza e a onipresença do sagrado na vida do *homo religiosus* grego: natureza, vida privada e pública, fenômenos da vida psíquica, moral e espiritual, culto. Mostrou também que o sagrado se apresenta sob várias formas e em graus diversos; no entanto, o grego viveu uma experiência fundamental do sagrado. Depois de fazer isso, A. Motte passa a se dedicar decididamente a uma pesquisa antropológica sobre o sagrado que permite conhecer melhor a experiência religiosa grega. Utiliza três documentos: o *Hino a Apolo Délio*, o *Hino a Demetra* e as *Bacantes*, de Eurípides. Sua pesquisa permite ver estreitamente associados, como o eram na realidade vivida, "o relato do drama mítico ligado a uma epifania divina e a evocação dos ritos e das festas com que os homens celebravam os deuses e recebiam seus benefícios".[17]

Ao final de seu interessante estudo, Motte extrai algumas conclusões, resumidas em um verso de Eurípides: "Múltiplas são as formas que revestem as potências divinas". Na Grécia cada divindade possui uma personalidade própria, que pode variar de um lugar para outro e de um culto para outro, dependendo das sensibilidades religiosas específicas. No âmbito religioso, "o povo grego mostrou-se particularmente criativo nas formas, mas também aberto à diversidade das experiências".[18] A diversidade religiosa que encontramos representada no orfismo, no dionisismo e na religião urbana deu lugar a tensões, mas também favoreceu a

---

[17] *Ibid.*, p. 184.
[18] *Ibid.*, p. 220.

reflexão religiosa. Os três conjuntos simbólicos considerados caracterizam três atitudes do *homo religiosus* grego: a contemplação, a união e a fusão.

A reflexão grega sobre o sagrado

Eminente estudioso do pensamento religioso, André Motte traz-nos alguns dados que esclarecem as abordagens filosóficas gregas do sagrado. Houve um tempo em que, na esteira do positivismo, alguns historiadores apresentavam a religião grega como o fruto de uma mitologia criada por artistas amadores e consideravam os primeiros filósofos "como os protótipos dos cientistas positivistas e laicos, preocupados em substituir a antiga visão religiosa do mundo por uma visão científica".[19] Estudos científicos sérios puseram fim a essa concepção, baseada em ideologias do século XIX. Nossa época tem uma outra maneira de ver tanto a religião como a filosofia dos gregos: "As grandes sínteses filosóficas, do platonismo ao neoplatonismo, passando pelo aristotelismo, pelo epicurismo e pelo estoicismo, desembocam em uma teologia; algumas delas não rejeitam totalmente a religião tradicional, mas todas se esforçam para assimilá-la dando-lhe um novo significado".[20]

Desde o início, a filosofia grega tenta deduzir do politeísmo helênico o conceito fundamental de *to theion*. A partir desse esforço elabora-se uma problemática do sagrado que chegou até nós através de Xenófanes (c. 570-475), autor de uma verdadeira pesquisa sobre o divino. Ele pretende reanimar e purificar o

---

[19] *Ibid.*, p. 224.
[20] *Ibid.*, p. 225.

sentimento do sagrado. Na sua teologia, proclama a unidade da potência divina absoluta, o que, no entanto, não exclui uma pluralidade de manifestações do sagrado. A reflexão teológica parece-lhe a base da sabedoria. No século V a.C. assistimos à tomada de consciência do fato religioso: a existência dos deuses, a origem da crença, as implicações morais e políticas do comportamento religioso. Nessa pesquisa está presente uma dupla tendência. Ao lado das diversas tentativas de dessacralização, encontra-se a grande visão de Platão.

Entre as tentativas de dessacralização devem-se citar a obra de Protágoras, nascido por volta do ano 480, e a de seu contemporâneo Demócrito (nascido por volta do ano 460). Estamos diante de uma tentativa de ceticismo teórico, no qual descobrimos, *in nuce*, o reconhecimento do fato religioso como fator específico do homem. Na verdade, Protágoras não rejeita as tradições religiosas, mas considera que façam parte do *nomos* ancestral. Demócrito é um naturalista que não nega os deuses, mas quer explicá-los – algo que desemboca numa visão dessacralizada do universo e da vida humana.

Aos olhos de Platão, essa tomada de posição é subversiva. De fato, sua obra tenta ressacralizar a visão do universo, da cidade e do homem. "O vocabulário do sagrado e do divino é onipresente nos *Diálogos*."[21] No *Timeu*, ele apresenta o mundo como a obra de uma inteligência divina, como um deus vivo dotado de uma alma. As *Leis* mostram que a cidade deve estar em harmonia com a organização do universo. Platão evoca admiravelmente a experiência espiritual através da qual a alma se deixa desarraigar do

---

[21] *Ibid.*, pp. 244-245.

mundo para poder ascender para a luz. Em suma, a obra de Platão "se nos apresenta como um museu vivo e extraordinariamente rico da expressão do sagrado na religião grega".[22]

O sagrado na Suméria e na cultura semítica

A Suméria e o sagrado

Nas mais antigas aldeias da Mesopotâmia, Muallafat e Jarmo, datados de 5000 a.C., os primeiros rudimentos da expressão artística buscam inspiração na religião. Nos dois milênios que se seguem a esse surgimento da civilização assistimos a um desenvolvimento cultural impressionante: no Norte, Hassuna, com os primeiros esboços arquitetônicos, Samarra e suas luxuosas louças, Halaf, onde aparece o metal. No Sul, Eridu, a cidade de Enki, mostra-nos a sobreposição de dezoito santuários. É o início da arquitetura sagrada.

No decorrer do quarto milênio chegam os sumérios. É o início do apogeu da civilização mesopotâmica: Uruk e Djemdet-Nasr são suas testemunhas. Em Uruk há dois tipos de santuários. No bairro Eanna foram reunidos santuários construídos com base no modelo dos de Eridu. No setor dedicado a Anu, o deus do céu, encontramos o antepassado das *ziggurat*: um templo construído sobre uma colina artificial. É o protótipo de montanha sagrada, com uma escada que une terra e céu. Os semitas instalam-se ao longo do alto e do médio Eufrates e um oficial acádio põe fim à hegemonia suméria. Trata-se de Sargon de Ágade, o fundador de

---

[22] *Ibid.*, p. 248.

uma dinastia semita que prospera por dois séculos (2450-2285). As duas culturas se interpenetram, mas os nômades gutos derrotam os acádios. Por volta do ano 2132 as cidades de Uruk, Ur e Lagash se emancipam. É o momento da civilização neo-suméria, cuja época de ouro é representada pelo reino de Gudeia de Lagash (2141-2122).

Nos quinze séculos que em Gudeia assistem à invenção da escrita, o *homo religiosus* sumério deixou uma abundante documentação para o estudo do sagrado. O dossiê a que faremos referência limita-se a considerar apenas um dos aspectos desse vasto âmbito.[23] O estudo dos cilindros A e B de Gudeia permitiu a descoberta de três termos que expressam o sagrado. Trata-se de três graus, de três níveis. *Kū-g* tem o sentido de sagrado entendido como pureza original, ligada à primordialidade dos deuses An e Gatumdu. *Mah* ressalta a superioridade do deus principal: estamos em um contexto de preeminência e de transcendência. *Zi-d* expressa o nível de participação do sagrado primordial (*kū-g*) e da santidade suprema (*mah*).

O sagrado apresenta-se como inseparável da cosmogonia suméria. Esse dado, que já se destaca no estudo dos cilindros A e B de Gudeia, é confirmado pelo exame do termo *me*, um termo do sagrado que expressa a ordem do cosmos.[24] Os *me* são prescrições provenientes dos deuses e ligadas ao destino: garantem a ordem do mundo e são indispensáveis para seu funcionamento. Trata-se de um tipo de denominação comum que torna harmoniosa a ação de todos os deuses no mundo. A totalidade dos *me* ou do

---

[23] SAUREN, H.; em: *L'Expression du Sacré...*, I, op. cit., pp. 105-138.
[24] ROSENGARTEN, Y.; *Sumer et le Sacré*, Paris, Ed. de Boccard, 1977.

sagrado está nas mãos dos deuses: todos, tanto os deuses como os homens, devem submeter-se a eles. Assim, o sagrado apresenta-se como fundamento do cosmos. Os sumérios concebem o cosmos como perfeitamente governado, como belo e bom. Os deuses An, Enlil e Enki pronunciam os *me*. Estes últimos são *kū-g*, o que significa "puros e sagrados". Constituem uma ligação entre os deuses e o cosmos, para garantir a este último uma existência harmoniosa.

O sagrado na Babilônia

No início do segundo milênio a.C. o poder dos sumérios se enfraquece. Acaba cedendo sob os repetidos golpes dos semitas, provenientes de Amuru, uma aldeia situada ao oeste. Em 1894 a.C., Babilônia, uma pequena vila, é escolhida como capital do novo reino. É fortificada pelos reis subseqüentes e floresce definitivamente no governo de Hamurabi (1792-1750 a.C.). O deus local Marduk, talvez de origem suméria, torna-se o líder do panteão. Adquire a onipotência e uma realeza proclamada como eterna. Todos os deuses se inclinam diante dele.

O *poema da criação*, chamado *Enuma eliš*, fornece-nos a síntese da doutrina teogônica elaborada pelos colégios sacerdotais babilônicos.[25] Esse poema tem um grande sucesso, pois é utilizado no ritual da festa do Ano Novo. Nesse documento, um primeiro aspecto do sagrado pode ser apreendido a partir do vocabulário que se refere à natureza divina. De fato, a palavra *ilūtu – ilū* no plu-

---

[25] KESTEMONT, G.; Le Sacré dans le Poème Babylonien de la Création, em: *L'Expression du Sacré...*, I, op. cit., pp. 139-153.

ral – designa a essência dos deuses. Os termos *sirū* e *rabū* expressam a transcendência divina, que é apanágio de Marduk e dos deuses primordiais. *Anūtu* é a transcendência suprema. Esses vocábulos mostram que a sacralidade se fundamenta na transcendência divina. Nesse primeiro nível está presente o aspecto hierofânico propriamente dito: na manifestação divina, a teofania de Marduk ocupa o primeiro lugar. Nesses dois níveis, a sacralidade assume fortes características urânicas: luz, luminosidade, esplendor. Uma terceira dimensão do sagrado é a sabedoria. Da transcendência, da manifestação da glória e da sabedoria brota a sacralidade dos objetos que estão em relação com a divindade.

A raiz qdš nos textos não bíblicos

Muitos trabalhos retomaram a documentação sobre o sagrado bíblico estudada no início do século, empregando-a no contexto da cultura religiosa do antigo Oriente Próximo. O elemento essencial da documentação sobre o sagrado semítico é constituído pelo estudo da raiz *qdš* e de seus derivados. A pesquisa de Henri Cazelles e Claude-Bernard Costecalde aproveitou inúmeros textos não bíblicos, datados a partir do final do terceiro milênio até o século II a.C.[26] Em seu estudo filológico da raiz *qdš*, eles mostraram que a pesquisa etimológica realizada com brilhantismo por W. Baudissin no final do século XIX está superada. Segundo o antigo ponto de vista, o sagrado bíblico reside no conceito de separação.

---

[26] CAZELLES, H.; COSTECALDE, Cl.-B.; Sacré (sainteté), em: BRIEND, J.; COTHENET, E.; (orgs.), *Supplément au Dictionnaire de la Bible*, X, Paris, Letouzey et Ané, 1985, col. 1342-1432.

O sagrado seria "aquilo que é separado". Esse método etimológico deve sua origem a Max Muller, que o resumia com o adágio *nomina sunt numina*. Muitas décadas depois compreendeu-se que não é possível pretender descobrir o sentido de uma palavra como "sagrado" atendo-se apenas à etimologia. No entanto, numerosos biblistas haviam seguido Baudissin e continuavam a afirmar que *qdš* significa "aquilo que é separado".

A resenha e a análise dos testemunhos literários de *qdš* na Mesopotâmia levaram Costecalde a uma conclusão que contradiz a pesquisa de Baudissin, uma vez que *qdš* alude à consagração e à purificação. Esses dois conceitos não podem ser dissociados, e o conceito de pertencimento divino é fundamental. Estamos, portanto, distantes da ideia de separação.

A mesma situação se verifica em relação aos textos de Ugarit, analisados com um método fundamentado na semântica histórica. Em Ugarit os derivados da raiz *qdš* podem caracterizar um objeto, um lugar, uma categoria de pessoas, mas são também epítetos de divindade e nomes próprios, e até formas verbais. Em Ugarit o campo semântico de *qdš* é sempre religioso. É *qdš* tudo aquilo que está próximo das divindades: lugares, objetos, pessoas. Os próprios deuses estão imersos em uma atmosfera de consagração. O sagrado é caracterizado pelo pertencimento à divindade.

Continuando suas pesquisas em uma terceira direção, Costecalde classifica e estuda as inscrições semíticas ocidentais: dialetos fenícios, púnicos, palmirenos e judeu-aramaicos. Examina também a documentação da deusa Qudšu na Siro-Palestina e no Egito e termina sua pesquisa com a epigrafia paleojudaica.

Ao final de sua pesquisa sobre os derivados da raiz *qdš*, Costecalde faz uma síntese dos dados filológicos. Uma primeira conclusão mostra-se evidente: "Pode-se dizer sem medo de errar que a raiz *qdš* já tem uma longa história no momento em que o hebraico se estrutura e assume sua forma característica entre as línguas semíticas"[27]. Uma segunda conclusão leva a constantes particularmente instrutivas: "É sempre em um contexto religioso que se encontram seus derivados. Além disso, em todas as etapas conhecidas de sua história [...] encontra-se a ideia de 'consagração', de 'pertencimento' em todos os dialetos semíticos".[28] Uma terceira conclusão leva-nos novamente à natureza do conceito de "consagração", de "pertencimento". Esse conceito é eminentemente positivo; implica um procedimento ou uma função de caráter religioso; não um processo moral, mas um ato ritual. Trata-se de se consagrar à divindade, de se aproximar dela entregando-lhe a própria oferta em um lugar dedicado ao deus e no qual tudo lhe é consagrado – em vista de um culto consagrado. Mesmo quando o elemento ritual desaparece, a atmosfera religiosa permanece e se torna ainda mais profunda. "Assim, quando se traduzem os derivados da raiz *qdš* nos âmbitos semíticos não bíblicos por 'santo' e por 'sagrado', é preciso entender 'consagrado', às vezes 'purificado', não em sentido moral [...], mas em um sentido profundamente religioso."[29]

Ao contrário das conclusões de Baudissin e de sua escola, chega-se ao limiar do sagrado bíblico com um conceito positivo. Nos textos semíticos não bíblicos, "consagrar-se" não assinala uma separação, mas significa uma reaproximação da divindade por parte do homem. Os autores dos escritos bíblicos

---

[27] *Ibid.*, col. 1391.
[28] *Ibid.*
[29] *Ibid.*

retomam e utilizam os derivados da raiz *qdš*. Dispõem de um vocabulário preciso, com conotações positivas. O estudo de Costecalde sobre a raiz *qdš* e sobre seus derivados em âmbito semítico ocidental e nos textos cuneiformes lança uma luz nova e precisa sobre o terreno em que estão enraizados os textos da Bíblia.

O antigo Egito e o sagrado

O sentido do divino na religião dos faraós

Há um milagre que o egípcio expressa com as palavras *Tep zepi*, "a primeira vez". É a era do ouro, é o evento originário em que encontramos a água, a terra e a vida. Surgem a terra, a luz, a consciência. Desde o terceiro milênio os teólogos explicam o "como" da criação, a transformação do caos em cosmos. Em Heliópolis, Atum-Ra, o deus solar, criou a colina primordial; todo santuário será uma cópia simbólica dessa colina. Em Hermópolis, encontramos uma simbologia cosmogônica muito rica: colina originária, ilha de fogo, ovo do mundo, deus em uma flor de lótus. Em Mênfis, o deus Ptah criou através de seu coração e de sua palavra: é um *Logos* criador.

A palavra *neter* significa potência. Essa palavra designa a divindade. Deus é a potência graças à qual existe a criação. Para o *homo religiosus* egípcio, a divindade simboliza uma encarnação da potência. Na representação visível de seu deus, todo fiel usa símbolos capazes de expressar a potência. Mas, para além dos símbolos, o homem religioso encontra um deus pessoal. No decorrer dos séculos o pensamento teológico se purificou, elevando-se para a concepção da unidade divina.

O egípcio se admira diante da criação, diante de sua permanência e de seu equilíbrio. No centro dessa admiração está o mistério da vida, obra divina por excelência, posta sob a proteção dos deuses. Desde os tempos mais antigos o egípcio acredita na sobrevivência. Depois da morte o corpo é recomposto para voltar à união dos elementos espirituais e dos materiais. Assim, o embalsamamento, graças aos diversos rituais, recria simbolicamente a vida. Depois que seu coração é pesado, o morto entra na esfera de Osíris ou no barco de Ra.

O faraó é o guardião da vida, o mediador que protege a criação graças a suas funções régias e sacerdotais. Seu governo é uma obra divina que mantém a criação, o Egito e a ordem do cosmos. Rei divino, honra seu através da construção templos, casas de deuses na terra, e do culto cotidiano. Em cada tempo se encontra o *naos*, lugar secreto e sagrado onde reside o rei, presente na sua estátua. *Maāt*, "verdade-justiça", é o estado da criação estabelecido pelos deuses. É através de sua inteligência e através de seu coração que o *homo religiosus* conhece *Maāt*. Toda a vida do egípcio reside no amor pela vida e no sentido do divino.

Em sua pesquisa sobre o sagrado na religião egípcia, Fr. Daumas mostrou que o pensamento egípcio está repleto de sentido do sobrenatural.[30] Desde os primeiros edifícios construídos, os egípcios manifestaram o desejo de inscrever o numinoso na pedra e no metal, contrapondo-o à precariedade das coisas deste mundo. A expressão do sagrado na escultura é extraordinária. Mas ao lado da expressão não verbal do sagrado temos também uma expressão verbal. *Ntr* significa deus e divino. *Dsr* é um verbo cujo sentido ex-

---

[30] DAUMAS, Fr.; em: *L'Expression du sacré...*, II, op. cit., pp. 287-305.

pressa claramente o sagrado: "ser suntuoso, ser misterioso". Toda a vida do *homo religiosus* egípcio está impregnada de sagrado.

Os cultos isíacos

O panteão isíaco conquistou o mundo greco-romano. As inscrições, as dedicatórias, os textos cultuais são compostos em grego e em latim. Em decorrência disso, um estudo de semântica histórica dedicado ao vocabulário religioso não pode deixar de incluir especialistas das religiões grega e romana da época helenística. Em seu estudo sobre o sagrado no Egito dos faraós, François Daumas insistiu muito no sagrado vivido. Michel Malaise, em sua pesquisa sobre o sagrado dos cultos isíacos, usa um método análogo.[31] Para compreender o sagrado vivido pelo fiel, ele interroga as fontes que testemunham o culto e sobretudo os sentimentos dos fiéis em relação a seus deuses.

As divindades dos cultos isíacos são as divindades do Egito antigo, submetidas a uma interpretação grega ou a uma interpretação romana no contexto religioso helenístico. Esses deuses e deusas são Ísis, Serápis, Osíris, Anúbis, Harpócrates. São deuses onipotentes, concebidos como soberanos absolutos. Impõem sua vontade e escolhem seus protegidos. Seu traço característico é a sensibilidade pela infelicidade humana. As orações dos fiéis são frequentemente precedidas por uma homenagem que exalta os poderes da divindade. No conjunto das relações do fiel com seu deus aparece uma ideia nova: a ideia de salvação. Os deuses são salvadores.

---

[31] MALAISE, M. em: *L'Expression du sacré...*, III, op. cit., pp. 25-107.

A disposição geral do templo era idêntica à do Egito dos faraós. Há um elemento que impressiona o observador: as pequenas dimensões do *naos*. É um fato que se explica facilmente: só o sacerdote entrava todos os dias na *cela*. Como na época dos faraós, os fiéis viam na estátua o suporte da potência divina. Dois objetos cultuais serviam para tornar a divindade simbolicamente presente: a cista e a hídria. A cista era um cesto cilíndrico de junco com tampa cônica, em cujo lado às vezes havia uma meia-lua. A cista continha uma hídria, pequena caixa de ouro em que se colocava água doce, símbolo da água do Nilo, ou seja, de Osíris. Desse modo se representava simbolicamente a teofania isíaca. Durante as procissões um sacerdote levava a hídria e a apresentava à adoração dos fiéis. Outro simbolismo sagrado era constituído por pés votivos ou marcas de pés impressas no chão dos templos. Essas marcas evocavam tanto a presença divina como a adoração do deus, bem como o ideal do fiel que caminhava seguindo seu deus.

Nos cultos isíacos dava-se grande importância à pureza ritual preparatória para o encontro com o sagrado. Já no Egito dos faraós insistia-se na pureza ritual: abluções nos lagos sagrados, jejum, abstinência e continência sexual. Padres da Igreja como Clemente de Alexandria, Tertuliano e Lactâncio louvaram a virtude dos adeptos de Ísis. Sabemos que os sacerdotes e os iniciados isíacos eram obrigados a vestir uma roupa de linho. O acesso ao templo isíaco de Iasos na Caria era reservado àquele "que é *hagnos*". Na celebração do culto manteve-se o uso da água e do incenso, dos ritos de oferta e de consagração. Os hinos e as orações que chegaram até nós são uma prova da importância da oração no sagrado vivido. Oração pessoal, visões, sonhos e oráculos permitiam que os fiéis entrassem em contato com o mundo do sagrado. Esse encontro tornava-se duradouro graças à iniciação.

O sagrado gnóstico

O estudo do sagrado nas religiões gnósticas pode ser-nos útil como passagem entre as grandes religiões que estamos considerando e os monoteísmos de que deveremos tratar. Atingindo seu ápice no século II de nossa era, o gnosticismo apresenta-se como uma religião de salvação. Toda "igreja" gnóstica afirma realizar a libertação das almas, consideradas centelhas divinas caídas do mundo celeste e mantidas prisioneiras na matéria dos corpos. A salvação é realizada através da gnose, que por um lado é o conhecimento dos mistérios do "Alto", mas que por outro lado é uma Realidade espiritual e transcendente vinda do Reino da Luz para revelar os mistérios ocultos e para trazer a salvação àqueles que aceitam a iniciação gnóstica. A gnose implica ao mesmo tempo a identidade daquele que conhece, da substância divina e dos meios de salvação.

O gnosticismo é uma religião complexa, em que se encontram três correntes: o pensamento bíblico, algumas doutrinas cósmicas fundamentadas nos grandes mitos dualistas do antigo Oriente Próximo e diversas especulações astrais herdeiras das teologias solares orientais. Como o iniciado órfico, o *homo religiosus* gnóstico é um ser em que o princípio divino e luminoso, prisioneiro do corpo, recorre a todas as suas possibilidades celestes para reencontrar a própria condição primordial. Para o gnóstico, sagrado e santidade são dois dados religiosos essenciais.

O sagrado à luz dos textos de Nag Hammadi

Há uma palavra que expressa o conceito de sagrado, ou seja, o verbo copta *ouaab*, "ser santo", que costumamos encontrar em sua forma substantiva ou adjetiva *etouaab*, "santo" ou "sagrado", assim como seus equivalentes gregos *hieros* e *hagios*. O copta traduziu esses dois vocábulos gregos, mas várias vezes os termos gregos são retomados tais como se encontram nos textos coptas.[32]

Um primeiro aspecto do sagrado gnóstico refere-se ao mundo do "Alto", a propósito do qual os redatores usam o *Trisagion* de Isaías e as três pessoas divinas da Trindade cristã. Detrás dessas entidades encontra-se a esfera da santidade, o lugar originário do qual provêm as almas: é a própria fonte do sagrado.

Os gnósticos vivem em um mundo de exílios, do qual eles representam a raça espiritual. Através de sua presença, o sagrado se enraíza neste mundo. Entre as três categorias clássicas de homens apresentadas pelos escritos gnósticos, ou seja, os hílicos, os psíquicos e os pneumáticos, apenas estes últimos fazem parte da santidade. De fato, sua origem está no Pleroma; eles voltarão para lá assim que sua alma abandonar a prisão do corpo.

Um terceiro aspecto do sagrado diz respeito às mediações da salvação: livros da revelação, rituais, tipos e imagens que revelam a Gnose. As Escrituras são sagradas, *hagia*. Elas têm uma origem celeste, transmitem uma revelação que vem do Reino e buscam um conhecimento que é "a gnose da salvação". Nos textos de Nag Hammadi temos indícios de rituais: batismo de água, unção com o óleo, eucaristia com o pão e o vinho. Esses escritos transmitem certo número de ritos sagrados, em que aparece a influência dos empréstimos da Igreja cristã. No conjunto do simbolismo gnóstico deve-se ressaltar o caráter sacro da luz, da vida, da pureza.

---

[32] SEVRIN, J. M. em: *L'Expression du Sacré...*, II, op. cit., pp. 307-337.

Sagrado e santidade no maniqueísmo

Mani apresentou-se como a confirmação dos profetas, como o último revelador encarregado de dar vida à Igreja anunciada por Jesus aos seus apóstolos no momento da promessa do Paráclito (Jo 16,8-11). Radicalmente dualista, a religião de Mani situa na origem dois princípios coeternos, raízes dos dois Reinos opostos um ao outro: a Luz e as Trevas. Religião de salvação que tem a missão de libertar todas as centelhas de luz presas na matéria, o maniqueísmo confere a Jesus um lugar central na redenção do cosmos e das almas. Temos três figuras de Jesus. Como quinta Grandeza luminosa do Reino, Jesus-Esplendor transmitiu a Adão a mensagem de libertação, a Gnose. Como *Jesus Patibilis*, chamado "cruz de luz" nos textos coptas, Jesus é a alma do mundo, formada por todas as centelhas luminosas. Ao lado dessas duas figuras míticas, existe a figura histórica de Jesus, mensageiro do Reino, vindo em um corpo espiritual. Apóstolo de Jesus Cristo, Mani se apresenta como o Paráclito vivo, que tem a missão de revelar os mistérios.

Vamos nos limitar aqui a considerar um tema: o dos hinos do *Psalm-Book*.[33] É nesses textos que encontramos o sagrado vivido, pois a liturgia e a oração constituem elementos essenciais do mecanismo da salvação gnóstica. Nesse documento encontramos o documento *ouaab*, forma qualitativa do verbo intransitivo *ouop*, "ser santo". O vocábulo corresponde ao *qadoš* do Antigo Testamento e ao *hagios* do Novo Testamento. Em nossos textos, redigidos em dialeto subakhmímico, *ouabe* significa "ser santo", *toubo* "santidade" ou "pureza", *ouabe, etouabe* "santo, sagrado, puro", *petouabe*

---

[33] RIES, J. em: *L'Expression du Sacré...*, III, op. cit., pp. 257-288.

"o santo", *netouabe* "os santos". Foi esse vocabulário que guiou a nossa pesquisa sobre o sagrado na liturgia maniqueísta copta.

No maniqueísmo a salvação é totalmente centrada na libertação da Luz: libertação das almas acorrentadas aos corpos, libertação da alma do mundo chamada *Jesus Patibilis*, quer dizer, o conjunto das centelhas luminosas prisioneiras no cosmos. A salvação é o retorno ao Reino da Luz. O primeiro nível do sagrado é o do Reino. Religião ao mesmo tempo cósmica e bíblica, a doutrina de Mani une inseparavelmente o Reino e o Pai, a Luz e as Grandezas luminosas emanadas pelo Pai. Além disso, na expressão do sagrado temos um cruzamento permanente de traços míticos baseados no vocabulário das cinco grandezas e dos textos bíblicos retomados pela formulação trinitária do Novo Testamento, Pai, Filho e Espírito Santo. O *Trisagion* de Isaías permite dar um destaque especial às pessoas divinas. A essência constitutiva da natureza divina é chamada *ousia etouabe*, "natureza santa". Esse aspecto do sagrado corresponde à santidade divina afirmada pelos textos bíblicos. O princípio luminoso que deriva da *ousia* divina também é sagrado: ele é *physis*. De fato, sobre a santidade divina se insere uma sacralidade cósmica. Esse sagrado de primeiro plano poderia ser denominado "sagrado substancial", fonte de todo sagrado e de toda santidade.

O segundo nível do sagrado diz respeito ao Fundador e à sua missão. Mani apresenta-se como a imagem visível do Paráclito, cuja vinda a este mundo foi anunciada por Jesus. Esse aspecto passou a ser muito melhor conhecido quando se descobriu o *Codex Mani*. Gêmeo do Paráclito, Mani é "consubstancial" às três pessoas divinas, o que explica também a ligação especial do Mensageiro com Jesus como personagem histórico. Vindo a este mundo como Paráclito prometido por Jesus, Mani, apóstolo de

Jesus Cristo, entrou no caminho messiânico. É a razão de seu título *petouabe*, "o santo". Assistimos à retomada, em favor de Mani, do título messiânico neotestamentário *hagios pais*. Estamos na linha do sagrado messiânico que se estende à missão de Mani, às suas *Escrituras*, à sua Igreja, até ao seu corpo. Para expressar o sagrado conferido a Mani e à sua obra, a liturgia de Medînet Mâdi realmente explorou todos os recursos dos documentos neotestamentários.

Ao lado do sagrado substancial e do sagrado messiânico encontramos um sagrado funcional, o da Igreja. Os conventículos gnósticos do século II reuniam os fiéis em torno de mestres que os iniciavam nos mistérios dualistas. Com base no modelo da Igreja cristã, Mani fundou sua própria Igreja, que pretendia ser a Igreja autêntica de Jesus e "a santa Igreja do Paráclito". Essa Igreja acabou absorvendo claramente todos os conventículos gnósticos. Participando da natureza e da santidade do Reino da Luz, essa Igreja é igualmente santa. A esse primeiro aspecto une-se sua missão santificante. Esse duplo aspecto de natureza divina e de função gnóstica de salvação domina o sagrado dos meios de salvação: doutrina, mandamentos, ritos, assembleias, oração e liturgia. Todos os que aderem a essa Igreja são santos. Entre eles, os eleitos constituem uma classe privilegiada.

A manifestação do sagrado e o *homo religiosus*

Sagrado-profano ou divino-sagrado-profano?

Chegamos a um ponto final de nossa pesquisa sobre a expressão do sagrado nas grandes religiões. Nosso estudo limitou-se ao vocabulário encontrado nos textos religiosos. Com a ajuda de um método de semântica histórica tentamos descobrir o sentido do sagrado a partir do discurso do *homo religiosus*. O vocabulário é, sem dúvida alguma, apenas um aspecto da expressão do sagrado: também é preciso levar em conta o sagrado vivido. Uma primeira parte das nossas pesquisas diz respeito a uma série de grandes religiões, antigas ou ainda vivas, mas não as religiões monoteístas. Estas são objeto da segunda parte da pesquisa sobre o sentido do sagrado. O gnosticismo ocupa um lugar intermediário entre essas duas tipologias de religiões.

Ao final da primeira etapa parece-nos útil parar um instante para refletir. Vamos fazê-lo tomando como ponto de referência algumas pesquisas que esclareceram aspectos fundamentais do tema do sagrado.[34] Jacques Étienne observou que o acesso ao sagrado envolve o homem como um todo: sua vontade pessoal, sua inteligência em busca de absoluto, sua sensibilidade e sua imaginação.[35] Henri Bouillard forneceu-nos uma crítica da categoria de sagrado na ciência das religiões.[36] Essas são as primeiras pesquisas sistemáticas de história das religiões que puseram em evidência o sagrado como fenômeno central no

---

[34] M. MESLIN, *Pour une Science des Religions*, Paris, Seuil, 1973 (*Per una Scienza delle Religioni*, trad. it. De L. Bacchiarello, Assis, Cittadella, 1975); E. Castelli (org.), *Le Sacré. Études et Recherches*, Paris, Aubier, 1974 (ed. orig. *Il Sacro. Studi e Ricerche*, org. por E. Castelli, Pádua, Cedam, 1974; este volume representa uma verdadeira *summa* de estudos sobre o sagrado); ALLEN, D. *Structure and Creativity in Religion*, op. cit.

[35] ÉTIENNE, J. L'Homme et le Sacré. Pour une Clarification Conceptuelle, *Revue Théologique de Louvain*, 13, Louvain-la-Neuve, 1982, pp. 5-17.

[36] BOUILLARD, H.; La Catégorie du Sacré dans la Science des Religions, em: CASTELLI, E. (org.), *Le Sacré. Études et Recherches*, op. cit.

interior das religiões. Alguns historiadores chegaram a pensar que a noção de sagrado era cronologicamente anterior à de Deus.[37] H. Bouillard manifesta sua oposição à divisão sagrado-profano, a repartição em dois âmbitos heterogêneos anunciada por Durkheim e por Eliade. Em vez disso, o estudioso opta por uma definição do sagrado que parte de sua função: "O sagrado é um elemento do profano, no qual, dentro de um dado contexto social e histórico, para o homem reflete o divino, seja qual for a maneira como ele é concebido (divindades múltiplas, Deus único, transcendência, totalmente outro etc.)".[38] Assim, o homem percebe o sagrado como mediação significativa e expressiva de sua relação com o divino. Daí surge uma estrutura "profano-sagrado-divino". O sagrado seria, portanto, a parte do mundo associada à experiência mediata que o homem tem com o divino. O sagrado está ligado ao caráter mediato da experiência do divino.

A manifestação do sagrado

Talvez seja oportuno enfatizar a importância que Eliade atribui à manifestação do sagrado. O homem toma consciência e conhecimento do fenômeno do sagrado a partir do fato de que tem lugar uma manifestação: "A manifestação de algo 'completamente diferente', de uma realidade que não pertence ao nosso mundo, em objetos que fazem parte integrante do nosso mundo 'natural',

---

[37] Resumimos um século de discussões sobre o tema em: *L'Expression du Sacré...*, I, op. cit., p. 43.
[38] BOUILLARD, H. *La Catégorie du Sacré...*, op. cit., p. 43.

'profano'".³⁹ Paul Ricoeur refletiu sobre essa noção de manifestação, que ele considera fundamental para interpretar o fenômeno do sagrado. Em sua reflexão ele encontrou cinco elementos característicos do sagrado nas religiões diferentes do judaísmo, do cristianismo e do islamismo.⁴⁰

A primeira característica do sagrado, bem evidenciada por Rudolf Otto, é o conceito de potência. A eficácia encontra-se no elemento "numinoso", que parece insólito e surpreendente para o homem. Vimos que no Egito *neter*, deus, tem o sentido de "potência". O mesmo conceito encontra-se no vocabulário do sagrado na Suméria, na Babilônia, entre os hititas e na Índia.

A segunda característica do sagrado é a manifestação do "numinoso", elemento central do sagrado aos olhos do homem. É a hierofania em sentido estrito. A manifestação da potência acontece por meio de objetos situados no espaço e no tempo: pedras, árvores, estátuas, templos. Ricoeur insiste ao mesmo tempo na amplitude do campo hierofânico e em sua articulação no espaço e no tempo. Toda hierofania está ligada à ordem simbólica. A luz ocupa um grande espaço em todas as religiões orientais. Na Índia, *shrī*, um dos termos do sagrado, significa "esplendor". O lado "fascinante" do divino sempre impressionou o *homo religiosus*.

---

³⁹ ELIADE, M. *Le Sacré et le Profane*, Paris, Gallimard, 1965, p. 15 (ed. orig. *Das Heilige und das Profane. Vom Wesen des Religiösen*, Hamburgo, Rowohlt, 1957; *Il Sacro e il Profano*, trad. it. de E. Fadini, Turim, Boringhieri, 1984³). [ed. bras. *O sagrado e o profano. A essência das religiões*, trad. de Rogério Fernandes, São Paulo, Martins Fontes, 1992.]

⁴⁰ RICOEUR, P. Manifestation et Proclamation, em: CASTELLI E. (org.), *Le Sacré. Études et Recherches*, op. cit.

Um terceiro aspecto refere-se à estreita ligação "entre a simbologia do sagrado e o rito".[41] No ritual, Ricoeur destaca o conceito de comportamento significativo. O ritual é onipresente no âmbito do sagrado. Frequentemente o rito é a realização do mito. Entre os ritos cabe um lugar importante aos ritos de consagração e de purificação. Eles envolvem a vida do *homo religiosus* e fazem do sagrado uma dimensão de sua vida. Na Índia, o termo *puṇya* indica a manifestação do divino, mas também se encontra na origem da eliminação das imperfeições. Os ritos de purificação estão no centro das celebrações do orfismo e das religiões mistéricas. Costecalde mostrou que a consagração, desde os tempos arcaicos, é um conceito central da raiz *qdš*.

A quarta característica do sagrado é a simbologia cósmica. Nota-se uma genuína solidariedade entre sagrado e potências cósmicas: fertilidade do solo, exuberância vegetal, prosperidade do rebanho. No Egito a criação realiza a passagem do caos para o cosmos. Na Babilônia a festa anual do *akītu* é colocada na origem da renovação cósmica. No Egito, os ritos osíricos são criadores e renovadores da vida. No maniqueísmo, mitos e símbolos cósmicos pressupõem a cosmogonia, a antropogonia e a soteriologia. Aqui simbologia e sagrado estão estreitamente ligados às configurações do cosmos expressas pelos dois Reinos.

De acordo com Ricoeur, a quinta característica, que resume as outras, é "a lógica do sentido do universo sagrado".[42] O cosmos tem um significado, no qual se baseia a lei das correspondências. No Egito é visível a correspondência entre a colina originária e o

---

[41] *Ibid.*, p. 59.
[42] *Ibid.*, p. 63.

templo; na Mesopotâmia, entre o templo e seu modelo celeste. A Índia desenvolveu especialmente as correspondências entre o macrocosmos e o microcosmos. Na maioria das grandes religiões orientais, a hierogamia entre céu e terra de um lado corresponde, de outro, à união do homem e da mulher. Eliade evidenciou a correspondência entre o solo arável e o sulco feminino, entre o sepultamento e a morte do trigo, entre o corpo, a casa e o cosmos. Aos olhos de Ricoeur, a lei das correspondências é "a lógica da manifestação" do sagrado.

Expressão do sagrado e experiência religiosa

Com base no que foi dito, podemos apreender o verdadeiro significado da expressão do sagrado nas grandes religiões não monoteístas. Essa expressão é inseparável do homem, já que faz parte da fala do *homo religiosus* que narra sua experiência espiritual.

O que impressiona, em primeiro lugar, é a notável homogeneidade que se pode encontrar na expressão verbal do sagrado. Sem dúvida, essa homogeneidade não é de admirar quando se trata de grandes conjuntos que se situam no interior de uma mesma civilização, como o mundo indo-europeu ou o mundo semítico. Mas a pesquisa sobre a expressão do sagrado, realizada na citada trilogia organizada por mim de maneira totalmente independente por um grupo de especialistas no campo das religiões, mostra-nos claramente um vasto conjunto de convergências e de homologias na expressão do sagrado das grandes religiões consideradas. Com base em tudo isso parece impor-se uma conclusão: na experiência religiosa da humanidade está presente uma verdadeira unidade espiritual. Angelo Brelich falou da unidade da história humana, baseada no fato de que a humanidade se tornou uma espécie histórica, ao mesmo tempo portadora de cultura e criadora incessante de novas formas.[43] Mas temos a impressão de que essa perspectiva reflete bem pouco os dados recolhidos nas pesquisas histórico-religiosas. É oportuno ir além da visão da unidade da história humana, captando sem hesitar a unidade espiritual presente na experiência religiosa da humanidade. De fato, constatamos que o *homo religiosus* de todas as culturas fez uma experiência idêntica do sagrado vivido.[44] Esse dado, evidenciado pelos trabalhos de Eliade, encontra confirmação à luz da presente pesquisa.

Uma segunda conclusão deriva de nosso estudo. Ela se refere à natureza e às funções do sagrado, que o *homo religiosus* percebe através de sua expressão. Estamos na presença de um vocabulário por meio do qual o homem tenta expressar um aspecto de sua experiência religiosa fundamental. Nas religiões indo-europeias, a palavra-chave desse vocabulário é o radical *sak-*, do qual derivam verbos, substantivos e adjetivos. Como demonstrou magistralmente Huguette Fugier, originariamente *sak-* significa "estar em relação com os deuses", "existir, ser real".[45] Tomando um outro caminho, Eliade chegou à mesma conclusão, o que o leva a escrever: "O *homo religiosus* acredita sempre que exista uma realidade absoluta, o *sagrado*, que transcende este mundo, neste mundo se manifesta e por isso mesmo o santifica e o torna real".[46] Assim,

---

[43] A. Brelich, Prolégomènes à une Histoire des Religions, em: H. Ch. Puech, *Histoire des Religions*, I, Paris, Pleiade, 1970, pp. 1-59 (*Prolegomeni a una Storia delle Religioni*, trad. it. in Id., *Storia delle Religioni. Perché?*, Nápoles, Liguori, 1979, pp. 137-183).
[44] ELIADE, M. *La Nostalgie des Origines*, op. cit., pp. 20-21 e 145.
[45] H. FUGIER, Sacer et le "réel", em: Id., *Recherches sur l'expression du sacré...*, op. cit., pp. 107-127.
[46] ELIADE, M. *Le Sacré et le Profane*, op. cit., p. 171.

o vocabulário do sagrado leva-nos a compreender que o *homo religiosus* pretende ter apreendido a manifestação de uma Realidade transcendente que, manifestando-se neste mundo, lhe fornece uma dimensão de completude. Esse conceito aparece em *sak-*, é encontrado no *me* dos sumérios, na raiz semítica arcaica *qdš*, no *yaožda* masdeísta, no *ouabe* dos textos gnósticos. Nosso trabalho de historiadores consiste, antes de tudo, em registrar esse fato através do vocabulário do sagrado das grandes religiões não monoteístas. Em seguida, como fenomenologistas, constatamos que o sagrado, no espírito do *homo religiosus*, não pode ser compreendido como mero mediador entre o numinoso e o profano, mas deve ser apreendido no próprio ato de sua manifestação e, portanto, em uma hierofania, em que estão presentes três pólos: o numinoso, o objeto natural e a dimensão sacra de que o numinoso reveste o objeto natural. É desse modo que o *homo religiosus* das grandes religiões expressa sua experiência do sagrado.[47]

---

[47] Ries, J. *L'Expression du Sacré...*, I, op. cit., pp. 78-87.

3. Sagrado e santidade nas três grandes religiões monoteístas

Com a análise do sagrado na religião do Antigo Testamento, do Novo Testamento e do Islã estamos diante de dados novos. Deus é o Único, o Transcendente, um Ser pessoal que, com sua onipotência, intervém na vida e na história de seus fiéis e de seu povo. Assim, Javé é o Deus pessoal que se insere na história: a hierofania dá lugar à teofania. É uma grande novidade. Deus é por essência santo e exige a santidade. É um Deus que não fala mais através de oráculos, mas através de uma Revelação, através de uma Palavra viva e transformadora. É um Deus que exige a fé de seu fiel, uma experiência religiosa que implica a adesão pessoal e a interiorização do culto. Na esfera do sagrado assistimos ao desenvolvimento da santidade.

Sagrado e santidade

O conceito de santidade não está ausente das grandes religiões pagãs. Na Grécia, de Homero até os inícios do cristianismo, podemos ver um progressivo aumento desse conceito. Héracles (Hércules) é o herói perfeito que buscou a imortalidade e cuja imagem figura nos túmulos da época helenística, como símbolo de fé na sobrevivência à morte. Ao lado dele encontramos o heroísmo do sábio e os heróis dos trágicos gregos. Nessa herança da Antiguidade, cuja riqueza foi aproveitada pelos padres da Igreja, a palavra *hagios* desenvolve um papel particular. Depois de Alexandre Magno, o culto das divindades orientais rapidamente ganha terreno. *Hagios* designa então a santidade divina, considerada transcendente em relação ao homem: o vocábulo nunca é empregado para designar seres humanos. *Hagios*, portanto, evoca a grandeza, a majestade, a transcendência dos deuses orientais. Os tradutores gregos da Bíblia hebraica, para traduzir as palavras da raiz *qdš*, optam finalmente por *hagios* e por seus compostos. Desse modo, *hagios* passa a significar o sagrado e a santidade: santidade do Deus da Aliança, santidade do povo da Aliança, santidade do homem desejada pelo Deus da Aliança.[1]

O conceito de santidade também aparece no vocabulário latino do sagrado. Vimos que as acepções de *sacer* são utilizadas para definir dois personagens: o *sacerdos* e o rei, mais tarde o *imperator*. Retrocedendo na história romana, Huguette Fugier explicou os três significados de *sacer*: "relação com os deuses", "numinoso" e, na origem da língua latina, "dotado de realidade, de existência". Este último significado vincula-se à ideia fundamental do pensamento arcaico indo-europeu, o *dharma*.

Ao lado de *sacer* aparece *sanctus*, particípio passado passivo do verbo *sancire*, "tornar *sak-*", "conferir realidade, existência ou validade". *Sanctus* é aquilo que é "real". Na origem *sanctus* não tem o sentido de "consagrado aos deuses". Em Roma, os *sancti* são em primeiro lugar os personagens que se beneficiam de uma garantia religiosa, manifestada pelo *augur*, *ojas* em indo-europeu, a "energia sobrenatural". A *sanctitas* é uma totalidade simbólica, uma "integridade" pre-

---

[1] Cf. o estudo de FESTUGIÈRE, A.-J. *La Sainteté*, Paris, PUF, 1942.

sente no rei, no *imperator*, no Senado, nos senadores. Mas, por mais que essas pessoas sejam respeitáveis e respeitadas, assistimos a um deslizamento para a dimensão ética: *sanctus* sofre a influência de *hagnos*. A *sanctitas* passará a ser sinônimo de um conjunto de virtudes.[2]

Na época helenística, o termo *hagios* estende seu campo semântico, desvanecendo-se até se sobrepor a *sanctus*. Este último termo assumirá com frequência o sentido de "quem é deus, quem possui a natureza divina". Assim ocorre o deslizamento de *sanctus* para o divino e para a transcendência. Desconhecido dos latinos antes de Alexandre, esse sentido de *sanctus* caracteriza as divindades. Na helenização de *sanctus* afastamo-nos, agora, da ética para voltarmos à ordem do sagrado. Essa helenização terá grandes repercussões sobre o vocabulário cristão. De fato, para expressar a novidade da mensagem de Jesus os redatores do Novo Testamento seguirão a escolha feita pelos tradutores gregos do Antigo Testamento: traduzirão *hagios* através de *sanctus*.[3]

A documentação do sagrado no Antigo Testamento

O desenvolvimento semântico de qdš

Em 1978, Maurice Gilbert reabriu a documentação sobre o sagrado bíblico.[4] Respeitando a ordem cronológica dos textos, re-

---

[2] FUGIER, H. *Recherches sur l'Expression du Sacré...*, op. cit., pp. 179-197.
[3] DELEHAYE, H. *Sanctus*, Bruxelas, Société des Bollandistes, 1927, pp. 24-59.
[4] GILBERT, M. Le sacré dans l'Ancien Testament, em: *L'Expression du Sacré...*, I, op. cit., pp. 205-289.

alizou uma pesquisa sobre o desenvolvimento semântico de *qdš* a partir da tradição javista, que remonta ao século X. Sua análise da herança recebida dos autores bíblicos mostrou que a ideia de separação é de importância secundária e que o sagrado é bem diferente do conceito de impuro. Os documentos da fonte javista realizam uma primeira síntese do passado de Israel. Apresentando Javé como o Deus da história patriarcal, instauram uma relação entre o sagrado e a história da salvação. Antigas passagens do Livro de Samuel mostram que na época de Davi a expressão "Deus santo" é relacionada à potência de Javé. No ano de 740, Isaías proclama a incomparável santidade do Deus de Israel. Essa santidade parece temível para o infiel, mas para os que a reconhecem ela faz de Deus uma rocha. A relação privilegiada que subsiste entre Javé e Israel está na origem do nome "o Santo de Israel". A característica salvífica é evidente. No decorrer dos séculos VI e V, profetas como Ezequiel e o Deutero-Isaías desenvolvem o pensamento profético de Isaías: a santidade de Javé está ligada à realidade histórica vivida pelo povo de Israel.

Logo depois do exílio multiplicam-se as referências ao culto. Estamos na presença de uma literatura sacerdotal, o *Pentateuco*. A mais antiga lei do sacerdócio de Jerusalém (Lv 17-26) apresenta a Lei de santidade. Israel é o povo escolhido por Javé para conhecê-lo e servi-lo. É através de um serviço permanente e digno ao seu Deus que o povo deve responder a essa eleição. Além disso, a Lei de santidade estabelece uma relação entre a santidade de Deus e a do povo. É preciso observar que na lei sobre os sacrifícios (Lv 1-7), na investidura dos sumos sacerdotes (Lv 8-10) e na lei de pureza (Lv 11-16), que nos aproxima mais do sagrado que da santidade, a relação com a história da salvação é decisivamente mantida.

O período grego é marcado pela escolha de *hagios* – o epíteto helenístico da transcendência divina – para designar o sagrado e a santidade da Bíblia hebraica. *Hagios* significa transcendência e incomunicabilidade. No início do século II a.C., Ben Sira se deixa seduzir pelos aspectos sagrados do culto, mas é capaz de reencontrar para Javé o título de Santo. Sob a perseguição de Antíoco IV (167-164), Israel afirma o caráter santo da comunidade, da Torah e dos Livros.[5]

Do sagrado à santidade

Depois de seu estudo sobre a raiz *qdš* no mundo semítico não bíblico, Claude-Bernard Costecalde realizou uma pesquisa sobre *qdš* como herança situada nas origens do sagrado bíblico.[6] Sua análise mostra que a linguagem bíblica está arraigada no vocabulário e nas expressões semítico-ocidentais. Através de uma minuciosa análise dos textos, Henri Cazelles mostrou o desenvolvimento dos conceitos de sagrado e de santidade no Antigo Testamento.[7]

No mundo pré-bíblico, toda divindade é uma potência, e *qdš* evoca na divindade um poder que não é o humano. Na Bíblia, Deus aparece como um Deus pessoal que se dirige ao seu fiel, lhe faz promessas e o guia. Não é mais uma divindade cósmica como

---

[5] *Ibid.*, pp. 270-279.

[6] COSTECALDE, Cl.-B. La Racine *qdš* dans la Bible Hébraique, em: BRIEND, J.; COTHENET E. (orgs.), *Supplément au Dictionnaire de la Bible*, X, Paris, Letouzey et Ané, 1985, col. 1392-1415.

[7] H. CAZELLES, Le Développement des Notions de "Sacré" et de "Sainteté" dans l'Ancien Testament, em: BRIEND, J.; COTHENET, E. (orgs.), *Supplément au Dictionnaire de la Bible*, X, op. cit., col. 1415-1432.

entre os pagãos, mas é um Deus que acompanha seu fiel. Assim, o sagrado bíblico não é mais o sagrado cananeu. Deus deixa sua marca na história dos patriarcas e já aparece o conceito de santidade divina.

Com o movimento profético inicia-se a transformação do sagrado bíblico: Amós, Oseias e Miqueias reagem com vigor à corrupção do culto e insistem no seu caráter indigno diante do Deus santo. É com Isaías que a doutrina do sagrado se estende até englobar a santidade. A expressão mais frequente é *Qedōš Israel*, o "Santo de Israel". Trata-se de Javé, que Israel abandonou. É, portanto, dele que vêm a força e a salvação. Sua santidade é terrível. Para salvar-se, Israel deve reconhecer a santidade de seu Deus, que é o rei, sentado no trono, terrível para aquele que o viu, o Deus que não consagra o povo impuro. Consagrando-se ao seu Deus, Israel prepara sua vitória. Isaías 5,16 define a santidade de Deus através dos conceitos de direito e de justiça. A doutrina de Isaías fundamenta-se na tradição litúrgica do Templo de Jerusalém. Maurice Gilbert já insistira nas características da raiz *qdš* no pensamento profético do século VIII, destacando a relação exclusiva da raiz com Javé, o Santo, o três vezes Santo (Is 6,3), o Santo de Israel. Essa santidade se opõe ao pecado do povo. A relação privilegiada que permite que Isaías chame de Deus o Santo de Israel é uma relação da ordem da salvação.[8] A passagem do sagrado para a santidade é a grande novidade introduzida por Isaías. Estamos diante de uma teologia da santidade.

---

[8] GILBERT, M. Le Sacré dans l'Ancien Testament, em: *L'Expression du Sacré...*, I, op. cit., pp. 224-230.

Sob Josias, no ano de 622, é descoberta no Templo a antiga redação do *Deuteronômio*. Ali encontramos várias vezes a expressão *am qadoš*, "povo santo". Estamos distantes de Isaías, pois o povo impuro de que falava o profeta se torna um povo santo e consagrado. Há também uma referência ao comportamento moral. Mas no século VI Ezequiel retoma o conflito evidenciado por Isaías, vinculando-o à punição da deportação. Gilberto destacou a continuidade entre os três profetas, Isaías (século VIII), Ezequiel e o Dêutero-Isaías no século VI, e não deixou de ressaltar seu vínculo com a experiência da história de Israel. Mas a coerência e a importância do tema da santidade seriam perdidas sob os profetas posteriores ao retorno do exílio.[9]

Queremos dizer mais algumas coisas sobre o emprego da raiz *qdš* na literatura sacerdotal. Com o *Pentateuco* dispomos de um grande conjunto dedicado à história das origens e à obra de Moisés. A escola sacerdotal integrou as tradições javista, eloísta e deuteronomista.[10] Na sua parte mais antiga, a Lei de santidade, existe uma relação íntima entre a santidade de Deus e a do povo, mas também o aspecto ritual da santidade é bastante destacado. Gilbert mostrou-o claramente. Essa constatação dá a Henri Cazelles a possibilidade de dizer que, "depois da dessacralização do'sagrado' cananeu, os autores bíblicos admitem que o Deus de Israel pode consagrar a seu serviço objetos, homens e um povo".[11] Ao contrário do *Deuteronômio*, que fala do povo santo, a Lei de

---

[9] Ibid., pp. 244-251.
[10] Ibid., pp. 251-264.
[11] CAZELLES, H. *Le Développement des Notions de "Sacré" et de "Sainteté"...*, op. cit., col. 1426.

santidade interessa-se pelos indivíduos desse povo, chamados a ser santos porque Deus é santo. Em todos os códigos do *Levítico* o caráter litúrgico do sagrado é muito destacado. Assim, Deus consagra os sacerdotes (Lv 21,6.7.15), os sábados (Lv 23,3) e as festas (Lv 23,4.6). Em outros termos, o Código sacerdotal, no seu conjunto, define para Israel a sacralidade e a santidade: Deus é santo e consagra. A santidade das pessoas não é uma santificação realizada por Deus, mas uma exigência que provém do fato de Deus ser santo. Os israelitas devem ser *qedošim*, santos, uma vez que o Deus deles é santo, *qadoš* (Lv 19,44-45).

A Bíblia grega

Os tradutores gregos alexandrinos da Bíblia hebraica atuaram no decorrer dos séculos III-II a.C. Sua Torah talvez seja sua Lei oficial, aquela em que se baseiam suas instituições. No entanto, a seus olhos ela é outra coisa. Ela define sua relação com Deus assim como foi revelada no decurso dos séculos. Essa relação não é um simples relacionamento com a divindade na linha do sagrado entendido como o *qdš* pré-bíblico. O sagrado tornou-se uma proximidade do Deus "santo".[12] O povo participa dessa santidade. Para traduzir em grego essa novidade em relação ao sagrado, a *Septuaginta* escolheu a palavra *hagios*, rejeitando a palavra *hieros*, cujo uso será limitado às situações cultuais. *Hagios* traduz *qdš* e seus derivados. Com esse vocábulo designam-se Deus, seu santuário e as coisas santas. A própria pureza ritual é englobada

---

[12] GRELOT, P.; La Formation du Vocabulaire dans la Bible Grecque, em: BRIEND, J.; COTHENET, E. (orgs.), *Supplément au Dictionnaire de la Bible*, X, op. cit., col. 1432-1436.

na santidade bíblica.¹³ Maurice Gilbert mostrou que o registro da santidade é profundamente cultual, mas o *Livro de Bem Sira* apresenta o tema da santidade cerca de quarenta vezes, sob todas as suas formas, das quais mais da metade é consagrada à grandeza de Deus na natureza e na história da salvação (Sr 42,15-50). Redigido pouco antes da era cristã, o *Livro da Sabedoria* "encontra a ligação entre a santidade de Deus e de seu Espírito e a vida moral do homem". É a expressão da dimensão vertical e da dimensão horizontal da santidade.¹⁴

Os autores do Novo Testamento liam a Bíblia grega. Extraíam dela o essencial de seu vocabulário teológico, cujo sentido conheciam no uso hebraico. Para compreender o sagrado no Novo Testamento é indispensável levar em conta suas raízes hebraicas, de um lado, e da Bíblia grega, de outro.

Duas tentativas de hermenêutica

Paul Ricoeur analisou o sagrado bíblico valendo-se da grade de leitura de uma hermenêutica da proclamação.¹⁵ Como ponto de partida escolheu a tenacidade e a obstinação da luta dos profetas de Israel contra os cultos cananeus que encarnam o sagrado das grandes civilizações orientais.

O numinoso continua presente em diversos episódios do Antigo Testamento, como a revelação da sarça ardente, a revelação

---

¹³ *Ibid.*, col. 1434.

¹⁴ GILBERT, M. Le Sacré dans l'Ancien Testament, em: *L'Expression du Sacré...*, I, op. cit., pp. 277-279.

¹⁵ RICOEUR, P. Manifestation et Proclamation, em: CASTELLI, E. (org.), *Le Sacré. Études et Recherches*, op. cit., pp. 64-66.

do Sinai ou a visão de Ezequiel no Templo. De acordo com Ricoeur, esse numinoso é apenas um pano de fundo sobre o qual se destaca a palavra. É sobre a palavra que se organiza a teologia: de um lado, a palavra é tanto o conjunto dos relatos referentes à tradição como as instruções da Torah. De outro lado, há a profecia, cuja influência é fundamental.

Uma segunda mudança do sagrado herdada das religiões pré-bíblicas é a diminuição das hierofanias, substituídas pela proclamação do nome divino. A instrução prevalece sobre a manifestação figurativa. "A teologia do nome se opõe à hierofania do ídolo."[16] À obrigação da palavra corresponde a interdição de criar imagens divinas. Mas continua a haver um espaço sagrado: Templo, tempo sagrado, ritual. Juntamente com essa reflexão de Ricoeur seria conveniente destacar a importância do sagrado vivido, da palavra vivida. De fato, Javé exige um culto, mas pretende um culto conforme sua santidade. Assim, a teologia do nome caminha paralelamente a uma teologia da santidade, à qual deve corresponder uma antropologia do sagrado e da santidade, do sagrado vivido.

Ricoeur examina também a questão do sagrado no contexto ritual. "A ritualização da vida não se baseia mais na correlação entre o mito e o rito, como no universo sagrado."[17] Podemos lembrar que Eliade ressaltou esse aspecto.[18] Mostra Javé, revestido de todos os atributos do Ser Supremo, que dispõe também da potência, mas rejeita os cultos cruentos. A diferença entre a sacralidade dos deuses orientais e Javé está no fato de que Javé é um

---

[16] *Ibid.*, p. 65.
[17] *Ibid.*
[18] ELIADE, M.*Mythes, Rêves et Mistères*, Paris, Gallimard, 1957, pp. 189-191 (*Miti, Sogni e Misteri*, trad. it. de G. Cantoni, Milão, Rusconi).

Deus pessoal que intervém na história. A teologia da história se sobrepõe à teologia cósmica. A pessoa de Javé é essencialmente santidade. De seu povo exige a fé, uma experiência religiosa que assume o lugar do sagrado, pois ela implica uma interiorização do culto. É a passagem do sagrado à santidade.

Outra tentativa de hermenêutica chega até nós através dos escritos de um especialista em exegese. Em um artigo de síntese, Pierre Grelot apresenta sua reflexão sobre a mudança do significado do sagrado no Antigo Testamento.[19] O motivo principal é a decidida e progressiva afirmação do monoteísmo, cuja consequência é uma desmitificação radical das forças cósmicas. Elas são realidades que têm origem na Palavra criadora de Deus. Um segundo motivo deve ser visto na vocação de Israel, escolhido como povo consagrado ao seu Deus único. A sacralidade do poder real do Oriente antigo é transferida para Javé. Como observa Eliade, a experiência da história como realização do desígnio de Deus torna-se ela mesma uma hierofania, até mesmo uma epifania de Deus.[20] Uma terceira consideração não deve ser ignorada. Javé, Deus único e criador, é o Deus santo por excelência, o Deus da Aliança, o garante do direito, o Deus das promessas. Para Grelot, "a sacralidade concentrada nele se manifesta através de disposições que fazem dele o arquétipo do bem moral"[21] (col. 1474). No

---

[19] GRELOT, P. La Sainteté Consacrée dans le Nouveau Testament, em: BRIEND, J. COHENET E. (orgs.), *Supplément au Dictionnaire de la Bible*, X, op. cit., col. 1471-1476.
[20] ELIADE, M. La Religion d'Israël à l'Epoque des Róis et des Prophètes, em: *Histoire des Croyances et des Idées Religieuses*, I, Paris, Payot, 1976 (*Storia delle Credenze e delle Idee Religiose*, I, trad. it., Florença, Sansoni, 1996).
[21] GRELOT, P. La Sainteté Consacrée... em: BRIEND, J.; COTHENET, E. (orgs.), *Supplément au Dictionnaire de la Bible*, X, op. cit., col. 1474.

coração dessa realidade se encontra o sagrado, visto porém sob o aspecto da santidade divina perfeita, razão e modelo da santidade do povo. Nesse nível se situará, no Novo Testamento, uma passagem ulterior. Uma quarta causa da profunda mudança do sagrado deve ser buscada na distância que, na sociedade de Israel, o cultual acumula progressivamente em relação ao civil, ao passo que nas grandes sociedades orientais o âmbito civil e o cultual eram integrados um ao outro. Uma profunda transformação ocorre na época do exílio: o âmbito político e o âmbito religioso conquistam cada um a própria independência, de modo que as exigências de santidade incluídas na Lei e nos Profetas se tornam cada vez mais prementes em relação ao comportamento. Por fim, há o papel do Espírito de Deus; todos os dons e as virtudes, a sabedoria e o conhecimento são apresentados como provenientes do Espírito de Deus.

O sagrado no Islã

O Islã é ao mesmo tempo uma religião, uma cultura e uma comunidade com seus próprios valores específicos. Transformado em religião universal, o Islã conserva a mesma fé, práticas conformes aos cinco pilares, mas um sagrado vivido que pode ser diferente no Islã da Indonésia, do Irã ou do norte da África. Consideremos a expressão do sagrado no Corão e na tradição primitiva.

O vocabulário do sagrado

Hrm, haram, que provém de um antigo fundo semítico, tem como sentido principal "pôr de lado". Desse sentido deriva a ambivalência: sagrado ou proibido. O primeiro sentido semítico do radical *hrm* é "separação", mas no Islã a separação depende de um comando divino.²² Três classes de realidade estão sob a influência de *haram*. Há antes de tudo os lugares sacralizados pela presença divina e pelos atos religiosos: a Kaaba da Meca, os territórios da Meca e de Medina, a Rocha de Jerusalém, o túmulo de Abraão em Hebron, as mesquitas e os túmulos de alguns imames. Esses lugares são sagrados. Por outro lado, toda propriedade privada é *haram*, e isso em decorrência de um decreto divino. Por fim, são *haram*, devido à impureza, a carne de porco, as bebidas fermentadas, a apostasia, o homicídio, o furto, a fornicação e o falso testemunho. A interdição baseia-se na impureza. Há, portanto, matizes importantes que devem ser levados em conta. No *haram*-sagrado temos a presença divina; no *haram*-interdição temos o comando divino. O sentido do sagrado reside no comportamento do muçulmano, que se refere constantemente a Deus, o Três Vezes Santo, *Al-qudduš*. O fundamento do sagrado é Deus Onipotente e Misericordioso.

Alá, a fonte do sagrado

Essa referência total a Deus convida-nos a observar o conceito de santidade. *Al-qidduš* é traduzido por "santo". *Al-qudduš* significa "santíssimo". Esse conceito é aplicado antes de tudo a Deus, depois àquilo que pertence a Ele, ao Espírito

---

²² GARDET, L. Notion et sens du sacré en Islam, em: CASTELLI, E. (org.), *Le Sacré. Études et Recherches*, op. cit., pp. 317-331.

de Deus, ao Livro vindo de Deus. O conceito muçulmano de santidade é a pureza total, uma pureza que separa Deus de toda criatura. O que é separado por Deus é *mutaqad-dis*, consagrado. A cidade de Jerusalém é chamada *Al-Quds*, a cidade santa. Só Deus é totalmente santo, só Ele é capaz de santificar sua criatura, o que explica a ausência de sacramentos e de meios de santificação. Alá não é um Deus nacional. O Corão o proclama Rei dos Céus, Mestre do Oriente e do Ocidente. É a fonte do sagrado, pois tudo o que é sagrado faz referência direta à sua vontade. No Islã a ênfase recai sempre na absoluta transcendência divina.

O Islã é um monoteísmo que se inspira no pensamento bíblico, mas é reformulado por Maomé. Aos olhos dos fiéis, o Corão é sagrado, sendo o bem mais precioso doado aos homens. A raiz *qdš* ocupa um lugar muito circunscrito e está presente apenas em contextos bíblicos.[23] *Hrm* se refere a realidades meramente árabes. O Corão não se limita ao conceito de sagrado. A parte essencial do texto é ocupada pela unicidade de Deus e pela revelação. Livro de Deus, Palavra de Deus, o Corão não recebe o epíteto de sagrado. Na medida em que o sagrado está ligado a mediações, não há lugar para ele no Corão. Mas na medida em que o sagrado está ligado à experiência do divino, ele está presente no Corão. No Islã, todo o sagrado só existe em relação a Deus. No seu comportamento cotidiano, o muçulmano mostra que considera o Corão o livro sagrado por excelência.

---

[23] J. Jomier, Le sacré dans le Coran, em: *L'Expression du sacré...*, II, op. cit., pp. 339-385.

Sagrado e sacralização

O Islã veicula uma dupla corrente de pensamentos e tradições, provenientes, de um lado, de antigas práticas do nomadismo árabe e, de outro, do monoteísmo proclamado pelo Profeta Esse fenômeno encontra-se na expressão do sagrado e no sa grado vivido. Ao lado do sagrado que tem sua fonte em Alá, existe um sagrado animista de origem árabe. Um exemplo particularmente interessante dessa situação é a *baraka*, uma bênção ligada a seres e coisas, a personagens e localidades. Em sentido pré-islâmico e no contexto do Islã popular, a *baraka* é fonte de benefício, prosperidade, fecundidade, sucesso, crescimento dos rebanhos, abundância da vegetação. Para o muçulmano devoto e instruído, a *baraka* é a bênção de Alá, uma prerrogativa que vem de Deus e está ligada à santidade.

Se o islã ignora a existência do sacerdócio e das mediações, conhece contudo a sacralização da pessoa, dos atos, do espaço e do tempo. Aqui deve-se ressaltar antes de tudo o conceito de santidade pessoal, que encontramos no Profeta, nos *wali* ou santos, nos *mahǧūb* ou místicos. O sufismo contribuiu significativamente para o desenvolvimento da santidade pessoal. O *ihrām* é um estado temporário de sacralização realizado no início da peregrinação a Meca. Toda cerimônia de oração ritual começa com um conjunto de gestos de sacralização. Os tempos sagrados não faltam: a peregrinação (*haǧǧ*) realizada no decorrer do décimo segundo mês, o mês chamado Ḏū al-Ḥiǧǧa; o Ramadān, o mês da revelação, consagrado ao jejum e à oração. Entre os espaços sagrados, devem-se mencionar a Kaaba, a fonte Zamzam, algumas mesquitas. No entanto, deve-se ter presente que essas sacralizações, como todo o sagrado no Islã, são governadas pela vontade divina e pela transcendência absoluta de Deus.

Sagrado e santidade no Novo Testamento

Para levar a termo essa breve síntese das nossas pesquisas sobre o sagrado, falta-nos dar uma olhada no sagrado no cristianismo. É um território imenso. Antes de tudo, trata-se de um setor em que se acumulou, no decurso de dois milênios, uma abundante documentação sobre o sagrado e sobre o sagrado vivido. Por outro lado, no decorrer de muitos decênios o terreno do sagrado foi explorado e escavado de modo muito desordenado. No momento atual, ele se apresenta como um campo de escavações no qual trabalharam inúmeros grupos, sem contudo progredir de forma sistemática. Pensamos na questão do sagrado, na teologia da morte de Deus, na controvérsia sobre a secularização, em todas as discussões sobre o secularismo e sobre a dessacralização. A pesquisa, portanto, deve ser retomada sob novas bases. Uma dessas bases sólidas é o estudo da expressão do sagrado no Novo Testamento. Vamos falar aqui de duas pesquisas exegéticas, que iluminam o caminho dos que pretendem aprofundar a compreensão do sagrado cristão.

A santidade consagrada no Novo Testamento

Pierre Grelot deu esse título a um artigo muito aprofundado de que já falamos.[24] Depois de ter analisado a formação do vocabulário de referência na Bíblia grega, o estudioso realiza uma análise da terminologia do sagrado e da santidade nos diversos

---

[24] GRELOT, P. La Sainteté Consacrée dans le Nouveau Testament, em: BRIEND J. e COTHENET E. (orgs.), *Supplément au Dictionnaire de la Bible*, X, op. cit., col. 1432-1483.

livros do Novo Testamento. Uma análise como essa é essencial caso se queira compreender o sentido dos termos e seu conteúdo no quadro da teologia de cada autor. Em seguida, Grelot faz uma síntese dos dados para traçar mais claramente os contornos do sentido e do desenvolvimento dos conceitos de "sagrado" e de "santidade" de que a teologia cristã dos primeiros séculos se apropria.

Jesus é o "Santo de Deus". Assumindo os valores positivos da revelação bíblica precedente, com o objetivo de levá-los à plenitude, Jesus, na sua consciência filial, vive uma relação única com Deus. "Santo de Deus" (Mc 1,24; Jo 6,29), ele é "Santo, Verdadeiro" (Ap 3,7). Mediador da nova aliança, cumpre funções sagradas (Hb 8,6; 9,15; 12,24). "Na pessoa de Jesus, o vínculo entre santificação e justificação está em estreita relação com o entre santidade e justiça. É Deus quem santifica e justifica os homens. Mas o faz através de Jesus Cristo, a quem desde o início transmitiu em plenitude sua própria santidade e sua própria justiça."[25] Assim, nessa mediação temos uma superação radical da sacralidade das antigas religiões e do sagrado do Antigo Testamento. Enquanto mediador, Jesus torna mais próximo o Deus santo e faz entrar em comunhão com Ele. Ao lado dessa perspectiva de superação da função mediadora típica das antigas hierofanias, temos também uma novidade radical em relação ao sagrado vivido, já que Jesus leva os homens à santidade.

Com a ressurreição de Jesus, inaugura-se o regime religioso do Espírito, que Jesus transmite aos seus discípulos reunidos no próprio momento em que os envia do mesmo modo que o

---

[25] *Ibid.*, col. 1477.

Pai o enviou (Jo 20,21-22). "A aliança sinaítica tivera como resultado o dom da Torah; a nova aliança (1Cor 11,25) tem como consequência o dom do Espírito Santo."[26] É o início de uma forma inédita da relação entre Deus e os homens: a comunhão com Deus confere a participação de sua santidade. A Igreja é povo santo e Corpo de Cristo. Ela é inseparável de Jesus, "Santo de Deus" (Rm 12,5; 1Cor 12,27). A partir desse momento, sua consagração a faz participar da santidade de Cristo. Seus membros serão santificados à medida que responderem à própria vocação.

Chegamos à transmissão dessa santidade através da mediação dos ritos cultuais, que em todas as religiões representam uma esfera relevante do sagrado. Grelot considera que os ritos cristãos devem ser estudados detalhadamente em suas estruturas, mas não aborda esse aspecto do sagrado cristão. Tais ritos são indispensáveis, pois a Igreja constitui um povo, uma comunidade humana histórica. A santificação dos homens através do Espírito Santo realiza-se, portanto, por meio "do exercício dos ministérios, serviços de Cristo, tanto na sua função santificadora como em suas outras funções".[27] A santidade cristã inscreve-se na nova aliança (Lc 22,20; Hb 8,8) e na restauração da criação. Ela se estende, portanto, para numerosos âmbitos, que Grelot não examina, mas engloba na seguinte formulação: "o domínio das forças cósmicas; a expressão do espírito humano no desenvolvimento das culturas; a gestão das coisas políticas".[28]

---

[26] *Ibid.*, col. 1480.
[27] *Ibid.*, col. 1482.
[28] *Ibid.*

A expressão do sagrado no Novo Testamento

O sagrado cristão apresenta uma grande originalidade. Distingue-se do sagrado das religiões não cristãos por ser reconsiderado a partir de Jesus Cristo. Temos suas formulações básicas no Novo Testamento.[29]

A santidade de Deus é um tema que aparece muitas vezes no Novo Testamento. É em particular o *Trisagion* de Isaías, retomado em Ap 4,8, que chama a nossa atenção. Essa passagem celebra o Senhorio divino justificado pela transcendência de Deus e por sua intervenção criadora. Grelot enfatiza a identidade entre a santidade (*hagios*) e a transcendência de Deus. Na oração sacerdotal de Jesus, também a invocação "Pai santo" (Jo 17,11) está em linha com a santidade divina de Is 6,3. Há todavia um detalhe importante, que modifica muito a distância entre Deus e o homem presente no contexto cultural de Isaías. De fato, em Jo 17,11 e Jo 3,17 "a santidade de Deus se manifesta através da vontade de proximidade e de comunhão que surge do envio do Filho ao mundo" (Grelot). Na oração sacerdotal, *hagios* designa a essência de Deus e aparece também como fundamento da santidade que realiza a unidade do Pai e do Filho, mas também a unidade com e

---

[29] Para tratar desse tema tomaremos como base PONTHOT, J. L'Expression du Sacré dans le Nouveau Testament, em: *L'Expression du Sacré...*, III, op. cit., pp. 289-327; GRELOT, P. La Sainteté dans les Livres du Nouveau Testament. Étude Analytique, em: BRIEND, J.; COTHENET, E. (orgs.), *Supplément au Dictionnaire de la Bible*, X, op. cit., col. 1436-1471; CONGAR, Y.-M. J., Situation du "Sacré" en Régime Chrétien, em: *La Liturgie après Vatican II*, Paris, Cerf, 1967, pp. 385-403. Referimo-nos aqui à parte do artigo intitulada *Que nous Disent les Écritures?*, pp. 386-396.

entre os discípulos.[30] Estamos bem distantes das hierofanias cósmicas das religiões antigas. Nas passagens do Novo Testamento consideradas, a santidade é a essência divina; nela se fundamentou a transcendência de Deus.

Jesus é *hagios*. Em At 4,27 e 30 ele é chamado *hagios pais*, um título proveniente da cristologia arcaica, tributário de uma leitura messiânica de Is 42,1. Jesus é o "Santo de Deus" (Mc 1,24), investido do Espírito de Deus. Em Lc 1,35 a santidade de Jesus é relacionada ao papel que o Espírito Santo teve desde a concepção virginal. É uma santidade substancial: como escreve Joseph Ponthot, "estamos perto de uma definição ontológica da santidade de Cristo". Outros textos, como Mc 1,24, "Santo de Deus", e At 3,14, "o Santo e o Justo", indicam claramente a função redentora de Jesus. Na profissão de fé de Jo 6,69, Pedro proclama: "Tu és o Santo de Deus", texto que deve ser comparado com Jo 6,27, em que se fala do Filho que o Pai marcou com seu selo. A relação entre a santidade de Jesus e sua missão salvadora é articulada com clareza. Através de Jesus, "o Santo", a santidade divina será agora transmitida aos homens. Todos os textos nos quais está presente *hagios* levam-nos ao cerne da missão messiânica. É a partir dessa missão de Jesus que temos de compreender e interpretar o sagrado messiânico.

Da mina messiânica brota o sagrado cultual. A carta aos Hebreus elaborou de modo particularmente feliz a tradução cultual

---

[30] Cf. SCHNACKENBURG, R.; Das Johannesevangelium, em: GNILKA, J. (org.), *Herders Theologischer Kommentar zum Neuen Testament*, III, Freiburg im Breisgau, Herder, 1965, p. 205 (*Il Vangelo di Giovanni. Testo Greco e Traduzione*, trad. it. de G. Cecchi, org. por O. Soffritti, Brescia, Paideia, 1981).

do sagrado messiânico. "Ela tem por ponto central o Sacerdócio de Cristo, insistindo necessariamente na sua função religiosa de mediação entre Deus e os homens."[31] O recurso à linguagem cultual, com as noções de santidade, de sacrifício, de sacerdócio, deu-nos um rico vocabulário do sagrado, que mostra a importância fundamental do conceito de mediação. Jesus é consagrado como sacerdote; é santo em sentido cultual, apto a realizar os atos do sacerdócio; é santo em sentido moral, pois possui uma perfeição total.

No Novo Testamento, o sagrado messiânico é um eixo no qual se articulam a santidade, o sagrado e o sagrado vivido. De um lado, é colocada a santidade de Cristo, unida à do Pai: trata-se do sagrado substancial. De outro lado, há um vasto âmbito do sagrado visto sob o aspecto da mediação: Igreja, palavras, sacramentos, assim como todos os sinais e símbolos portadores da mensagem e das realidades do Reino. É o aspecto funcional do sagrado messiânico. Os dados essenciais e a estrutura simbólica fundamental desse aspecto do sagrado messiânico se configuram através dos diferentes escritos do Novo Testamento. Trata-se de textos que falam da Igreja, dos sacramentos, da santificação dos cristãos, do santuário, da santidade cristã, da vida dos "santos". No decorrer de dois milênios, uma infinidade de sinais expressivos do sagrado foi se inserindo nesses dados e nessa estrutura simbólica.[32]

---

[31] GRELOT, P. La Sainteté Consacrée..., em: BRIEND, J.; COTHENET, E. (orgs.), *Supplément au Dictionnaire de la Bible*, X, op. cit., col. 1448.
[32] Cf. CONGAR, Y.-M. J.; Situation du "Sacré"..., op. cit., pp. 395-396. Remetemos ao artigo de PONTHOT, J. L'Expression du Sacré dans le Nouveau Testament, em: *L'Expression du Sacré...*, III, op. cit., que revisou cuidadosamente toda a terminologia neotestamentária do sagrado relativa à Igreja e aos cristãos.

A promessa do dom do Espírito não era fora do comum na visão que os Profetas tinham do futuro. A morte e a ressurreição de Jesus levam à inauguração do reino do Espírito Santo. Nos Evangelhos e nos Atos, a menção da santidade do Espírito encontra-se sobretudo nas referências ao batismo. Joseph Ponthot vê nisso a pressão de um uso litúrgico arcaico. Isso nos parece interessante como indicador de uma compreensão profunda do sagrado cristão nas comunidades apostólicas. É um elemento do sagrado que aflora com clareza a partir da análise dos textos realizada por Ponthot. A seu ver, a recorrência das alusões neotestamentárias à santidade do Espírito exprime "convicções e insistências que dizem respeito à função e à origem dos dons do Espírito de que as comunidades cristãs primitivas faziam experiência ou cuja revelação haviam recebido".

Tentativas de leitura do sagrado cristão

Leitura hermenêutica: Paul Ricoeur

Depois de seu ensaio de fenomenologia do sagrado e de sua hermenêutica da proclamação do Antigo Testamento, Paul Ricoeur voltou sua atenção para o Novo Testamento.[33] Um estudo da parábola, do provérbio, do discurso escatológico – três elementos característicos do ensinamento de Jesus – leva-o a distinguir nele "uma radicalização da antinomia entre hierofania e proclamação, através de uma nova lógica de sentido, diame-

---

[33] RICOEUR, P. Manifestation et Proclamation, em: E. CASTELLI (org.), Le Sacré. Études et Recherches, op. cit., p. 66-70.

tralmente oposta à lógica das correspondências"[34]. Nesse discurso identifica "expressões-limite" que realizam a ruptura da fala comum; isso lhe permite opor ao universo do sagrado um universo que "explode". A lógica das "expressões-limite" opõe-se à das correspondências do universo sagrado. O universo sagrado baseia-se na circularidade simbólica e no jogo cósmico das correspondências. O universo do Novo Testamento abre-se em direção ao Reino de Deus.

Em um segundo tempo, Ricoeur capta um discurso iconoclasta que tenta demonstrar a necessidade de que o sagrado seja eliminado. Um primeiro argumento desse discurso fundamenta-se na atual dessacralização do cosmos. O homem moderno não tem mais um espaço sagrado, não tem mais um centro, não tem mais um *axis mundi*. Seu tempo é homogêneo, o sagrado tornou-se arcaico. O homem moderno não tem mais um cosmos sagrado, mas um universo como objeto de reflexão e como matéria a ser explorada. O segundo argumento desse discurso iconoclasta insere-se nos resíduos do sagrado na nossa cultura. É o sagrado de substituição do mundo industrializado. São os mitos e os rituais degenerados: a transferência do sagrado nas festas, no ocultismo, na esfera política, no inconsciente. Terceiro argumento: é necessário dessacralizar a religião cristã, a única ainda capaz de acompanhar o declínio do sagrado. À destruição do universo mítico sob os golpes da ciência, Bultmann respondeu com a dessacralização como tarefa da fé. Bonhoeffer foi o porta-voz e o pioneiro da separação entre fé e religião. Um projeto que consiste em eliminar o sagrado do culto, da pregação, da ética, da política.

---

[34] *Ibid.*, p. 66.

Paul Ricoeur considera que esse não é um programa satisfatório e vai em busca de uma mediação. Sua primeira resposta baseia-se no binômio ciência-sagrado. A seus olhos, a modernidade não é nem um fato nem um destino, mas uma questão aberta. Na verdade, a cientificidade tornou-se ela mesma problemática, e a modernidade aparece como o enorme inchaço de uma única dimensão em detrimento de todas as outras. A segunda resposta leva em consideração os resíduos do sagrado. Esses resíduos, sinais de um sagrado degenerado, mostram simplesmente que não pode haver homem sem sagrado. Ricoeur apresenta uma considerável série de perguntas, das quais damos uma amostra: Pode-se viver sem símbolos e sem rituais? Pode-se despojar a vida de todos os ritos de passagem? É possível viver um tempo sem festas? E em seguida vem a pergunta fundamental sobre o tema da dessacralização: é possível um cristianismo sem sagrado?

Ricoeur dá uma resposta negativa a essa pergunta. Sua argumentação fundamenta-se na palavra bíblica. Afirma-se que a Bíblia se apossou do "numinoso" das religiões antigas, que teria cedido lugar à palavra. Mas, diz Ricoeur, muitas vezes se esquece de que foi a própria palavra que se tornou "numinosa". É o que comprova o Prólogo de João: "O Verbo se fez Carne", Jo 1,14. Desse modo, a Palavra tornou-se manifestação. Essa identificação entre Palavra e manifestação deu-nos a Revelação. Cristo é a Manifestação absoluta. Nesse sentido, Eliade não hesita em dizer que para um cristão a hierofania suprema é a encarnação de Deus em Jesus Cristo.[35]

Outro argumento desenvolvido por Ricoeur mostra que a fé não é possível sem sinais. Além disso, a Bíblia não aboliu a sim-

---

[35] ELIADE, M. *Le Sacré et le Profane*, op. cit., p. 15.

bologia cósmica, mas a reinterpretou segundo as exigências da proclamação. Aos próprios mitos cosmogônicos cabe uma nova função na história. A simbologia cósmica sofreu portanto uma profunda mudança. Foi submetida a um novo emprego. Por outro lado, nas parábolas é reativada uma simbologia primária: pastor, rei, pai. Essas figuras foram escolhidas por sua familiaridade e densidade de sentido em todas as culturas arcaicas.

Para terminar seu estudo, Ricoeur dá o exemplo da dialética entre sacramento e pregação no decorrer de toda a história da Igreja cristã. Na pregação é o elemento querigmático que lhe interessa; no sacramento, é a simbologia: "Basta pensar em todas as correspondências que o batismo revela entre a Água primordial, em que todas as formas são abolidas, o dilúvio, a água da morte e a água que purifica, entre a imersão, a nudez e o sepultamento, entre a emersão, o vestir-se de luz e a ressurreição".[36]

Leitura messiânica: Yves Congar

Diante da questão do sagrado e da confusão que provocou, Yves Congar tentou tomar um caminho que desse ao sagrado a possibilidade de assumir um lugar no contexto cristão. Escolheu como ponto de partida o conceito de mediação, um conceito que emerge com clareza de todas as pesquisas sobre o sagrado. A exemplo de Paul Audet[37], ele utiliza essa mediação no quadro da

---

[36] RICOEUR, P. Manifestation et Proclamation, em: CASTELLI, E. (org.), Le Sacré. Études et Recherches, op. cit., p. 76.
[37] AUDET, P. Le Sacré et le Profane. Leur Situation en Christianisme, Nouvelle Revue Théologique, 79, 1957, pp. 33-61.

experiência religiosa do homem, no caso da experiência que o homem faz do divino. Desse modo, estudando a experiência mediata do divino no âmbito cristão, Congar tenta definir, precisar e situar o sagrado. Seu estudo é uma tentativa de antropologia do sagrado, baseado na expressão do sagrado na Bíblia, na Revelação, na teologia cristã, no papel messiânico de Jesus Cristo na sua Igreja e na ação histórica da Igreja como sinal e meio de salvação para o homem.[38]

Nas grandes religiões orientais, o cosmos é representado como uma ordem divina em que os deuses assumem um lugar. A Bíblia afirma a transcendência de Deus, sua liberdade total, e põe o cosmos sob a dependência divina, garantindo ao homem, porém, sua função específica (Gn 1,28-30 e 2,19-20). Deus é o senhor da história: comprovam-no a eleição de Israel e a aliança divina com o povo consagrado. No interior dessa história santa, funciona todo um regime de sacralização baseado na Lei e nos Profetas. Esse regime é transitório e preparatório. Anuncia uma nova aliança, que substituirá o estatuto mosaico e será um novo lugar de encontro com Deus. De fato, no centro do Antigo Testamento encontra-se o anúncio messiânico.

O Novo Testamento proclama a superação definitiva dessa fase, a passagem da promessa à realização. Jesus anuncia o cumprimento das profecias e o advento da era messiânica que ele é encarregado de inaugurar. É a grande novidade, presente em cada página do Novo Testamento. Deus leva a termo a criação, doando-lhe sua plenitude de sentido. Tal plenitude nova e original é uma superação da ordem cósmica, que graças a essa nova dimensão se

---

[38] CONGAR, Y.-M. J. *Situation du "sacré"...*, op. cit., pp. 385-403.

torna uma ordem sobrenatural "que tem seu ápice e seu centro, sua totalidade substancial em Jesus Cristo".³⁹ Estamos em regime messiânico. Como mostram as análises de Grelot e de Ponthot, "sagrado e santidade" representam um elemento essencial da estrutura do regime messiânico.⁴⁰ De acordo com o raciocínio de Congar, a partir dos acontecimentos que estão em relação com os documentos neotestamentários existe no mundo uma realidade sagrada, o corpo de Cristo, segundo as três acepções que o Novo Testamento dá a esse termo: "corpo pessoal de Jesus, agora glorificado no céu, corpo eucarístico, corpo eclesial reconhecível e, ao mesmo tempo, em parte desconhecido".⁴¹

Eis-nos na economia da salvação em regime messiânico. Ela culmina na dupla missão de Jesus Cristo e no Espírito Santo e se desenvolve "entre um Paraíso sobre o qual não se sabe ao certo o que foi, com exceção da harmonia entre a natureza e a comunhão com Deus, e o Reino escatológico, no qual, de novo e de modo muito mais perfeito, [...] natureza e comunhão de graça serão reunidas na mesma realidade do Reino perfeito de Deus".⁴² Entre os dois se situam as parábolas do Reino, pois vivemos num caminho intermediário no qual as realidades invisíveis podem ser transmitidas às condições inerentes à nossa natureza terrena. Por isso somos destinados aos símbolos. É através dos sinais que per-

---

³⁹ *Ibid.*, p. 396.
⁴⁰ GRELOT, P. La sainteté consacrée dans le Nouveau Testament, in BRIEND, J. E. COTHENET (orgs.), *Supplément au Dictionnaire de la Bible*, X, op. cit., col. 1432-1483; J. PONTHOT, L'Expression du sacré dans le Nouveau Testament, em: *L'Expression du Sacré...*, III, op. cit., pp. 289-329.
⁴¹ CONGAR, Y.-M. J. *Situation du "Sacré"...*, op. cit., p. 396.
⁴² *Ibid.*, p. 398.

cebemos tudo o que ultrapassa a realidade sensível. Impõe-se um recurso permanente à simbologia na expressão das realidades inerentes ao âmbito da economia cristã de salvação; um âmbito original, específico, irredutível. Assim, sob os nossos olhos se delineia o sagrado cristão.

Congar sugere distinguir, no vasto âmbito do sagrado em regime messiânico, quatro níveis qualificativos.[43]

O primeiro nível é um sagrado que ele chama substancial. Trata-se do corpo de Cristo na perspectiva do Novo Testamento, ou seja, o corpo pessoal de Jesus, agora glorificado no céu; o corpo eucarístico no mistério da eucaristia celebrado pela Igreja; o corpo eclesial chamado corpo místico, a Igreja. Conhecemos o sagrado substancial através dos documentos neotestamentários.

O segundo nível é o sagrado dos sinais de tipo sacramental. Esse sagrado está ligado ao sagrado substancial. Os sacramentos são sinais eficazes da vida de graça. Além disso, os sacramentos de batismo, confirmação, ordem e matrimônio criam situações humanas que dependem diretamente da ordem messiânica: a existência cristã, o sacerdote, os esposos cristãos.

O terceiro nível é composto pelo conjunto dos sinais que exprimem a relação religiosa do cristão com Deus em Jesus Cristo ou que dispõem a realizar melhor essa relação. Para designar esse âmbito imenso, Congar sugere a expressão "sagrado pedagógico". A nosso ver, trata-se de uma expressão feliz, porque abarca palavras, gestos, costumes, regras de vida, lugares, tempos, roupas e acessórios, silêncio. Congar insiste no fato de que o sagrado pedagógico não comporta nenhuma desvalorização do profano.

---

[43] *Ibid.*, pp. 399-401.

Seu papel é funcional: favorecer a comunhão com Deus, inseparável da comunhão fraterna.

O quarto nível do sagrado no cristianismo é a consagração das realidades terrenas a Deus e seu uso em uma perspectiva messiânica. O cristão não despoja essas realidades de seu caráter natural, pois pode santificá-las sem colocá-las de lado. A esse âmbito pertencem os gestos da oração e das bênçãos, a simbologia dos monumentos cristãos. O sagrado de consagração é a santidade no uso humano das coisas. Esse sagrado pode ser uma separação, mas pode ser também uma orientação no plano individual ou social no interior da cidade terrena.

Essa pesquisa de Congar é concluída com algumas orientações práticas.[44] A primeira traça a linha geral do sagrado cristão: tudo, nele, é positivo. A segunda diz respeito ao cristão diante do mundo. Ele deve procurar compreender o valor dos sinais. É nesse nível que a questão do sagrado viu a parte preponderante de seu desenvolvimento. A terceira consequência levou ao sagrado pedagógico: cada época e cada cultura escolhem as formas que correspondem a sua própria índole. Há formas típicas do *homo religiosus* que encontramos em toda a história da humanidade. Quando o cristão adota essas formas, através delas deve sempre enfatizar os dados positivos da fé cristã.

---

[44] *Ibid.*, pp. 401-403.

Conclusão

Nosso objetivo é entender o que o homem religioso quer dizer quando fala do sagrado. Nosso trabalho não consiste em uma análise de sua experiência de fé, mas em um estudo do discurso através do qual ele explica sua experiência religiosa. Assim, graças à semântica histórica, conseguimos acompanhar o caminho do sagrado na história.

A leitura dos trabalhos reunidos em *L'Expression du Sacré dans les Grandes Religions* confirma de forma considerável as descobertas da história das religiões: "O homem conhece o sagrado porque ele se manifesta". De acordo com o termo proposto por Eliade, e geralmente aceito, essa manifestação é uma hierofania. Toda hierofania é percebida pelo homem religioso como um fenômeno inseparável de sua experiência pessoal. Ele percebe a manifestação de uma realidade diferente das realidades entre as quais vive. A análise da maneira de expressão do *homo religiosus* mostra que ele, na sua percepção da hierofania, sente a presença de uma potência invisível e eficaz, que se manifesta através de um objeto ou de um ser, tanto que esse objeto e esse ser passam a ser revestidos de uma nova dimensão, a sacralidade. Através dessa descoberta o homem assume um modo de existência específico.

A análise do sagrado nas grandes religiões pagãs revela-se um enorme enriquecimento do ponto de vista antropológico. O *homo religiosus* criou para si um vocabulário e uma linguagem que lhe servem de utensílio mental e psicológico na descoberta e na expressão de uma lógica do sentido do cosmos e da vida. Através desse vocabulário, ele fala de seu encontro com uma realidade trans-humana, com valores absolutos capazes de dar um sentido à sua existência. Para delinear melhor os contornos dessa realidade absoluta, Rudolf Otto inventou uma palavra que se tornou clássica: o "numinoso". O homem tenta explicar sua experiência e manter sua relação com o "numinoso". Com essa finalidade, o homem antigo pôs em movimento toda uma ordem simbólica. Para isso contribuem diversos elementos cósmicos, como a luz, o vento, a água, o raio, os astros, o sol, a lua: nas grandes religiões pagãs constatamos o vínculo entre o cosmos e o "numinoso". Ele se serve também de numerosas imagens: círculo, centro, quadrado, eixo, árvore, cruz, labirinto, *mandala*. Por fim, recorre a elementos de sua vida cotidiana, aproveitando sua simbologia: soleira, porta, ponte, caminho, escada, corda. Para fazer com que a potência numinosa se torne eficaz em sua vida, o antigo *homo religiosus* mobiliza um verdadeiro universo simbólico de mitos e de ritos. A esse patrimônio simbólico do sagrado se acrescenta, a nosso ver, a extraordinária homogeneidade da expressão verbal do sagrado nas grandes religiões. Uma conclusão se impõe: a unidade espiritual da humanidade. Nas religiões indo-europeias, o radical *sak-*, na origem de todo o vocabulário do sagrado, leva-nos ao sentido último de "existente real". Ele mostra que o *homo religiosus* acredita que a manifestação do "numinoso" é, por natureza, a de dar ao cosmos e à vida uma dimensão de realização.

Não obstante inúmeras similitudes e a marca parcial e intencional do vocabulário na expressão do sagrado, as religiões monoteístas mostram-nos uma superação do sentido do sagrado das grandes religiões antigas. Essa situação deriva de um fato de importância fundamental: a existência, no judaísmo, no islamismo e no cristianismo, de um Deus único e pessoal, autor de uma aliança e de uma revelação, que intervém diretamente na vida de seus fiéis e na história. No Antigo Testamento, Javé, o Deus santo por excelência, exige a santidade do povo ao qual se mostra, de seu povo. A teofania substitui a hierofania das religiões semíticas. Javé quer um culto em que reencontramos o vocabulário do sagrado, mas exige um culto conforme à sua santidade. A teologia da história põe em segundo plano a teologia cósmica. No âmbito do sagrado, o Islã é tributário de sua dupla herança, vinda de um lado do judaísmo e de outro da religiosidade dos nômades árabes. Todo o sagrado, no Islã, existe apenas em referência a Deus e à sua vontade. Ao lado do sagrado que tem sua fonte em Alá, há vestígios de um sagrado animista de origem árabe. Por outro lado, o Islã reduziu muito o elemento da mediação, mas conhece a sacralização da pessoa, dos atos, do espaço e do tempo.

O Novo Testamento retira o próprio vocabulário da Bíblia grega. Ele proclama, contudo, uma nova aliança, que substitui o estatuto mosaico e constitui um novo lugar de encontro entre homem e Deus. O centro do Antigo Testamento era o anúncio messiânico. Agora é a passagem da promessa à realização: é o advento da era messiânica. *Hagios* designa a essência de Deus, a santidade que realiza a unidade do Pai, do Filho e do Espírito. A santidade é constitutiva da essência e da transcendência divina. Jesus é o "Santo de Deus". De acordo com a expressão de Mircea Eliade, estamos na presença da hierofania suprema, "a encarnação de Deus em Jesus Cristo". Através de Jesus, de agora em diante a santidade divina será transmitida aos homens. Todos os documentos neotestamentários nos quais é utilizado *hagios* levam-nos ao coração da missão de Jesus: é o sagrado messiânico. "Sagrado e santidade" representam um elemento essencial da estrutura do regime messiânico que começa definitivamente com a Ressurreição e Pentecostes. A comunhão com Deus através da mediação de Jesus Cristo doa aos discípulos a participação da santidade. A Igreja é povo santo e Corpo de Cristo. Do veio messiânico deriva o sagrado cultual. O sagrado, em ambiente cristão, é muito denso. Está diretamente ligado à comunhão dos fiéis com Deus através da mediação de Cristo. Essa doutrina do Novo Testamento permite que Yves Congar identifique quatro níveis significativos do sagrado no âmbito messiânico: o sagrado substancial; o sagrado dos sinais de tipo sacramental; o sagrado pedagógico; a consagração das realidades terrenas e seu uso em uma perspectiva messiânica.

    Mircea Eliade e Paul Ricoeur disseram que "o homem não é possível sem sagrado". Ao final deste percurso, em busca da expressão do sagrado nas grandes religiões e no Antigo Testamento, no Islã e no Novo Testamento, o historiador das religiões é levado a constatar que há milênios, nas crenças, na linguagem e no comportamento do *homo religiosus*, tudo ocorre como se o homem não pudesse viver em um mundo dessacralizado.

Bibliografia orientadora

O sagrado constitui um campo de estudo em que existe uma imensa bibliografia. Portanto, a publicação, ao final deste volume, de uma bibliografia exaustiva está fora de questão. Mas mesmo uma bibliografia selecionada deve ter alguns limites. Aconselhamos o pesquisador e o leitor a consultar antes de tudo as bibliografias dos artigos publicados na trilogia de *L'Expression du Sacré dans les Grandes Religions*

Em um primeiro item da nossa pequena seleção indicamos *obras gerais* de história das religiões e *instrumentos* de trabalho úteis para todo tipo de pesquisa sobre o sagrado. Os volumes citados são verdadeiras minas bibliográficas. Sob um segundo título estão reunidas *obras coletivas* sobre o sagrado. Cada um desses textos é dedicado a um aspecto específico da pesquisa. Não queremos fazer uma descrição minuciosa desses textos coletivos: isso nos levaria longe demais. No entanto, para cada publicação do gênero indicamos o número de páginas, o que permite ao leitor ter uma ideia da amplitude da documentação. Em uma terceira categoria agrupamos números especiais de *periódicos*. Trata-se de documentações referentes a diversos setores do sagrado. Não fazemos uma descrição dessa documentação. Aqui, mais uma vez, a informação do número de páginas fornece uma primeira orientação útil ao leitor ou ao pesquisador.

Por fim, chegamos à parte mais extensa da documentação, ou seja, a uma *bibliografia geral sobre o sagrado*.

Obras gerais e instrumentos

ASMUSSEN, J. P.; COLPE, C.; LAESSOE, J. *Handbuch der Religionsgeschichte*, 3 vols. Göttingen, Vandenhoeck, 1971-1972.

BLEEKER, C. J.; WIDENGREN, G. (orgs.). *Historia Religionum. Handbook for the History of Religions*, 2 vols. Leiden, Brill, 1969-1971.

CAMPENHAUSEN, H. V.; DINKLER, E.; GLOEGE, G.; LOGSTRUP, K. E. (orgs.). *Religion in Geschichte und Gegenwart*, 6 vols. + índice. Tübingen, Mohr, 1957 -1965³.

DI NOLA, A. M.; ADRIANI, M.; CHIAVACCI, E.; MANNUCCHI, V.; OLIVIERI, S.; VINAY, V. (org.) *Enciclopedia delle Religioni*, 6 vols. Florença, Vallecchi, 1970-1976.

ELIADE, M. *Histoire des Croyances et des Idées Religieuses*. Paris, Payot (*Storia delle Credenze e delle Idee Religiose,* 3 vols., trad. it., Florença, Sansoni, 1996): I. *De l'Âge de la Pierre aux Mysteres d'Eleusis*, 1976 (*Dall'età della Pietra ai Misteri Eleusini*); II. *De Gautama Bouddha au Triomphe du Christianisme*, 1978 (*Da Gautama Buddha al Trionfo del Cristianesimo*); III. *De Mahomet à l'Âge des Réformes*, 1983 (*Da Maometto all'età delle Riforme*). Ao final de cada volume há uma excelente bibliografia crítica.

GORGE, M.; MORTIER, R. (orgs.). *Histoire Générale des Religions*, 4 vols. Paris, A. Quillet, 1944, 1948², 1960³.

HASTINGS, J. (org.). *Encyclopaedia of Religion and Ethics*, 13 vols. Edimburgo, 1908-1921.

POUPARD, P.; VIDAL, J.; RIES, J.; COTHENET, E.; MARCHASSON, Y.; DELAHOUTRE, M. (orgs.). *Dictionnaire des Religions*. Paris, PUF, 1984, 1985² (*Grande Dizionario delle Religioni. Dalla Preistoria ad Oggi*, trad. it., Casale Monferrato, Piemme, 2000). Com a colaboração de 150 especialistas. Importante complemento bibliográfico ao final do volume.

PUECH, H. Ch. *Histoire des Religions*, 3 vols. Paris, La Pleiade/ Gallimard, 1970-1976 (*Storia delle Religioni*, 4 vols., trad. it., Milão, Mondadori, 1997).

RIES, J. *Les Religions et le Sacré*. Louvain-la-Neuve, 1981³, Col. "Information et Enseignement", pp.15 e 206. (*Il Sacro nella Storia Religiosa dell'Umanità*, trad. it. de F. Marano e L. Saibene, Milão, Jaca Book, 1982, 1995²). Ao final de cada capítulo há uma abundante bibliografia.

—— (org.). *Trattato di Antropologia del Sacro*, 10 vols. Milão, Jaca Book/Massimo (cada volume é acompanhado por uma farta bibliografia):

1. *Le Origini e il Problema dell'Homo Religiosus*, 1989;
2. *L'Uomo Indoeuropeo e il Sacro*, 1991;
3. *Le Civiltà del Mediterraneo e il sacro*, 1992;
4. *Crisi; Rotture e Cambiamenti*, 1995;
5. *Il Credente nelle Religioni Ebraica, Musulmana e Cristiana*, 1993;
6. *Culture e Religioni Indigene in America Centrale e Meridionale*, org. por L. E. Sullivan, 1997;
7. *Culture e Religioni degli Indiani d'America*, org. por L. E. Sullivan, 2000;
8. *Grandi Religioni e Culture nell'Estremo Oriente. Cina*, org. pelo Institut Ricci de Paris, 2008;
9. *Grandi Religioni e Culture nell'Estremo Oriente. Giappone*, org. por L. E. Sullivan, ed. it. org. por P. Villani, 2006;
10. *Metamorfosi del Sacro. Acculturazione, Inculturazione, Sincretismo, Fondamentalismo*, 2008;

Organizado por Julien Ries (e coorganizado por Lawrence

E. Sullivan a partir do sexto volume), o *Trattato di Antropologia del Sacro* é a obra em que o programa de estudos do *homo religiosus* é realizado de maneira mais completa. Além da edição italiana, já foram publicados vários volumes do *Trattato* em francês (Col. Homo Religiosus, série II, Turnhout, Brepols), espanhol (Madrid, Editorial Trotta), inglês (Londres/Nova York, Continuum) e húngaro (Budapeste, Typotex).

Schröder, C. M. (org.), *Die Religionen der Menschheit*, diversos vols., Stuttgart, Kohlhammer, desde 1960 (*Storia delle Religioni*, 11 vols., trad. it., Milão, Jaca Book, desde 1981).

TACCHI VENTURI, P.; CASTELLANI, G. (orgs.). *Storia delle Religioni*, 5 vols. Turim, UTET, 1970-1971.

WHALING, F. (org.). *Contemporary Approaches to the Study of Religion in 2 Volumes*. Berlim/Nova York/Amsterdam, Mouton, 1983.

WAARDENBURG, G. *Classical Approaches to the Study of Religion*, 2 vols. Haia/Paris, Mouton, 1974: 1. *Introduction and Anthology*; 2. *Bibliography*. Uma exaustiva bibliografia das publicações dos grandes historiadores das religiões.

Obras coletivas sobre o sagrado

Nesta bibliografia apresentamos cada obra sob o nome dos responsáveis científicos da edição. Não citamos os colaboradores da obra. Indicamos o número de páginas de cada volume.

ABEL, A. (org.). *Le Pouvoir et le Sacré*, Annales du Centre d'Études des Religions, 1, Bruxelas, ULB, 1962, p.186.

AMARI, C. *et al. Progettare lo Spazio del Sacro*, Verona, Ente Fiere di Verona, 1989, p. 147.

AUVRAY, P.; POULAIN, P.; BLAISE, A. *Les Langues Sacrées*, Col. "Je Sais, je Crois", 115, Paris, Fayard, 1957, p. 143 (*Le Lingue Sacre*, trad. it., Catania, Edizioni Paoline, 1959).

BOGLER, Th. (org.). *Das Sakrale im Widerspruch*. Maria Laach, Ars liturgica, 1967, p.148.

BOURNIQUEL, C.; GUICHARD-MEILI, J. *Les Créateurs et le Sacré. Textes et Témoignages* Paris, Éd. du Cerf, 1956.

BREZZI, F.; ALES BELLO, A. et al. *Sacro e Religioso*, "Per la filosofia", X, 29, Milão, Massimo, 1993.

CASTELLI, E. (org.). *Le Sacré. Études et Recherches. Actes du Colloque du Centre d'Études Humanistes et de l'Institut d'Études Philosophiques. Rome, 4-9 de janvier 1974*. Paris, Aubier, 1974, p. 492 (ed. orig. *Il Sacro. Studi e Ricerche. Atti del Convegno Indetto dal Centro Internazionale di Studi Umanistici e dall'Istituto di Studi Filosofici. Roma, 4-9 gennaio 1974*, Pádua, CEDAM, 1974).

——. *Prospettive sul Sacro. Contributi ai Convegno su "Il Sacro"*. Roma, 1974. Roma, Istituto di Studi Filosofici, 1974, p. 234.

CENTRE DE RECHERCHES SUR LE SACRÉ (org.). *La Communication par le Geste. Actes des Sessions Organisées par le Centre de Recherches sur le Sacré à l'Arbesle, 1965-1968*. Paris, Le Centurion, 1970, p. 204.

COLPE, C. (org.). *Die Diskussion um das "Heilige"*. Darmstadt, Wissenschaftliche Buchgesellschaft, 1977, p. 500.

CORBIN, H.; CHATEAUBRIANT, R. de (orgs.). *La Foi Prophétique et le Sacré*, Col. "Cahiers de l'Université Saint Jean de Jerusalém", 3, Paris, Berg International, 1977, p. 219.

DEBIDOUR, V. H. (org.), *Problèmes de l'art Sacré, Le Nouveau Portique* Paris, 1951, p. 309.

DELHAYE, Ph.; TROISFONTAINES, Cl. (orgs.). *La Sécularisation. Fin ou Chance du Christianisme?* Gembloux, Duculot, 1970, p. 238.

DI BONAVENTURA, A. *L'Architettura Sacra Oggi. Atti del Congresso Intern. di Pescara, Gennaio 1989*. Pescara/Rímini, Stauros/II Cerchio, 1990.

GIRARDI, J.; SIX, J. F. (orgs.). *L'Athéisme dans la vie et la Culture Contemporaine*. Paris, Desclée, 1968, p. 488.

——. *L'Athéisme dans la Philosophie Contemporaine*. Paris, Desclée, 1970, p. 716.

GUERRIERO, E.; TARZIA, A. (orgs.). *I Segni di Dio. Il Sacro-Santo: Valore, Ambiguità, Contraddizioni. Atti del Terzo Convegno Teologico, Cinisello, 19-21 Giugno 1992*. Cinisello Balsamo, Edizioni Paoline, 1993.

Holiness in Islam and Christianity. Atti del Colloquio di Roma, 6-7 Maggio 1985. Col. "Islamochristiana", 11. Roma, Istituto Pontificio di Studi Arabi, 1985. Seis comunicados sobre a santidade do islã e do cristianismo.

KNABE, P. E.; ROLSHOVEN, J.; STRACKE, M. (orgs.). *Le Sacré. Aspects et Manifestations. Études Publiées in Memoriam Horst Baader*. Tübingen/Paris, Narr/J.-M. Place, 1982, p. 134.

La Cultura Contemporanea e il Sacro. Atti del 1º Convegno di Studi dei "Quaderni di Avallon", 3-4 Novembre 1984. Rímini, Il Cerchio, 1985, p. 230.

La Regalità Sacra. The Sacral Kingship. Contributi al Tema dell'VIII Congresso Internazionale di Storia delle Religioni. Roma, Aprile 1955. Leiden, Brill, 1959, p. 748.

Le Religioni e il Mondo della Morte di Dio. Atti del 1º Congresso di Studi dei "Quaderni di Avallon". 3-4 novembre 1984. Rímini, Il Cerchio, 1985, p. 82.

LERCARO, J. (org.). *Espace Sacré et Architecture Moderne*. Paris, Éd. du Cert, 1971, p. 143.

MOTTE, A.; TERNES, Ch. M. *Dieux, Fêtes et Sacré dans la Grece et* la Rome Antiques. *Colloque de Luxembourg.* Turnhout, Brepols, 2003 (Col. "Homo Religiosus", série II, 2).

RIES, J. (org.), *L'Expression du Sacré dans les Grandes Religions,* 3 vols. Col. "Homo religiosus", 1, 2, 3. Louvain-la-Neuve, Centre RIRE, I, 1978, p. 325; II, 1983, p. 414; III, 1986, p. 438.

SCAPIN, P. (org.). *Memoria del Sacro e Tradizione Orale. Atti del terzo Colloquio interdisciplinare del Centro Studi Antoniani. Padova, 4-6 gennaio 1984.* Pádua, Messaggero, 1984, p. 439.

SIMON, M. (org.). *Le Retour du sacré.* Paris, Beauchesne, 1977, p. 145.

SMEDT, M. de (org.). *Demeures du Sacré. Pour une Architecture Initiatique,* "Question de", 70, Paris, Albin Michel, 1987.

THIEL, J. F.; DOUTRELOUX, A. (org.). *Heil und Macht. Approches du Sacré,* Col. "Studia Instituti Anthropos", 22, Bonn, St. Augustin, 1975, p. 215.

XHAUFFLAIRE, M.; DERKSEN, K. (orgs.). *Les Deux Visages de la Théologie de la Sécularisation.* Tournai, Casterman, 1970, p. 268.

Números especiais de periódicos

L'art. Expression du Sacré. Colloque 1994 de l'Institut Finlandais de Paris, "Revue Boréales", 58-61, Paris, 1994.

La Cité et le Sacré, "Raison présente", 101, Paris, Nouvelles éditions rationalistes, 1992.

Champ du Sacré, "Corps Écrit", 2, Paris, PUF, 1982, p. 206.

Comunità, Società, Sacro, "I Quaderni di Avallon. Rivista di studi sull'uomo e il sacro", 6, Rímini, 1984, p. 168.

Crise du Sacré?, "Bulletin Saint Jean Baptiste", v-8, Paris, 1965, p. 45.

Discussion avec René Girard. La Violence et le Sacré, "Esprit", 11, 1973, pp. 513-602.

Foi et Religion, "Recherches et débats", 73, Paris, DDB, 1971, p. 230.

Pace, Cultura, Religioni, "I Quaderni di Avallon, Rivista di studi sull'uomo e il sacro", 16, Rímini, 1988.

Sacralisation et Sécularisation, "Concilium", 47, 1969, p. 148.

Le Sacré, "Le semeur", 2, número especial, Paris 1963, p. 67.

Le Sacré et les Formes, "Corps Écrit", 3, Paris, PUF, 1982, p. 192.

Il Sacro e il Político, "I Quaderni di Avallon. Rivista di studi sull'uomo e il sacro", 5, Rímini, 1984, p. 224.

La Sécularisation, "Revue Foi Vivante", 36, 1968, p. 60.

Sécularisation et "Mort de Dieu". Le Sens de Dieu dans un Monde Séculier, "Lumière et Vie", 89, Lyon, 1968.

Un Christianisme Areligieux?, "Le semeur", número especial, Paris, 1965, p. 128.

La Ville et le Sacré, "Axes", 13-14, Paris, 1969, p. 138.

Bibliografia geral sobre o sagrado

ACQUAVIVA, S. *L'eclissi del Sacro nella Civiltà Industriale.* Milão, Comunità, 1961; Milão, Mondadori, 1992.

AGEL, H.; AYFRE, A. *Le Cinéma et le Sacré.* Paris, Éd. du Cerf, 1961.

AIGRAN, R. *L'Hagiographie: ses Ressources, ses Méthodes, son Histoire.* Paris, Bloud & Gay, 1953.

ALLEN, D. *Structure and Creativity in Religion. Hermeneutics in Mircea Eliade's Phenomenology and New Directions.* Haia, Mouton, 1978.

ALLMEN, J.-J. Von. *Célébrer le Salut. Doctrine et Pratique du Culte Chretien.* Paris, Éd. du Cerf, 1984 (*Celebrare la Salvezza. Dottrina e Prassi del Culto Cristiano,* trad. it. de L. Melotti, apresentação de P. Tamburrino. Leumann, Elle Di Ci, 1986).

ALTIZER, Th. Mircea Eliade and the Recovery of the Sacred, *The Christian Scholar*, 45, pp. 267-289.

——. *Mircea Eliade and the Dialetic of the Sacred*. Filadélfia, 1963, reimpressão 1975.

ANTOINE, P. L'église est-elle un lieu sacré?. *Études*, 1967, pp. 432-447.

ARVON, H. *Ludwig Feuerbach ou la Transformation du Sacré* Paris, PUF, 1957.

AUDET, J. P. Le sacré et le profane: leur situation en chrétienté. *Nouvelle Revue Théologique*, 79, Paris, Tournai, 1957, pp. 33-61.

AUMONT, M. *Le Prêtre. Homme du Sacré*. Paris, Desclée, 1969 (*Il Prete, Uomo del Sacro*, trad. it. de A. Candelaresi. Roma, Edizioni Paoline, 1970).

AUVERT, G. J. *Défense et Illustration de l'Art Sacré*. Paris, Nouvelles Éd. Latines, 1956.

BASTIDE, R. *Le Sacré Sauvage*. Paris, Payot, 1975 (in *Il Sacro Selvaggio e Altri Scritti*, trad. it. de M. Giacometti. Milão, Jaca Book, 1979, 1998²).

BATAILLE, G. *Théorie de la Religion*. Paris, Gallimard, 1973 (*Teoria della Religione*, trad. it. de R. Piccoli, posfácio de P. Alberti. Bolonha, Cappelli, 1995²).

BAUM, G. La pérennité du sacré, *Concilium*, 81, 1973, pp. 11-21.

BENNET, Cl. *In Search of the Sacred. Anthropology and the Studies of Religion*. Londres, Cassel, 1996.

BENOIST, A. De; MOLNAR, Th. *L'Éclipse du Sacré. Discours-Réponses*. Paris, La Table Ronde, 1986, p. 247. (*L'eclisse del Sacro*, trad. it. Vibo Valentia, Edizioni Settecolori, 1992).

BENVENISTE, E. Le sacré, in *Le Vocabulaire des Institutions Indo-Européennes*, II. Paris, Éd. de Minuit, 1975, pp. 179-207 (in *Il Vocabolario delle Istituzioni Europee*, II, trad. it. e org. de M. Liborio. Turim, Einaudi, 2001).

BERGER, P. *The Sacred Canopy. Elements of a Sociological Theory of Religion*. Garden City/Nova York, Doubleday & Co., 1967 (*La Sacra Volta. Elementi per una Teoria Sociologica della Religione*, trad. it. de G. A. Trentini. Milão, SugarCo, 1984).

——. *A Rumor of Angels. Modern Society and the Rediscovery of the Supernatural*. Garden City/Nova York, Doubleday & Co., 1969 (*Il Brusio degli Angeli. Il Sacro nella Società Contemporanea*, trad. it. de A. Prandi. Bolonha, Il Mulino, 1995^2).

BERL, E. *Trois Faces du Sacré*. Paris, Grasset, 1971.

BLEEKER, C. J. *Op zoek naar het geheim van de godsdienst*. Amsterdam, Meulenhoff, 1960.

BORNE, E. *Les Nouveaux Inquisiteurs*. Paris, PUF, 1982.

BOUILLARD, H. La catégorie de sacré dans la science des religions, in CASTELLI, E. (org.). *Le Sacré. Études et Recherches. Actes du Colloque du Centre d'Études Humanistes et de l'Institut d'Études Philosophiques. Rome, 4-9 janvier 1974*, cit. Paris, Aubier, 1974, p. 33-56.

BOURNIQUEL, C.; GUICHARD-MEILI, J. *Les Créateurs et le Sacré*. Paris, Éd. du Cerf, 1956.

BOUYER, L. *Le Rite et l'Homme*. Paris, Éd. du Cerf, 1962 (*Il Rito e l'Uomo. Sacralità Naturale e Liturgia*, trad. it., Brescia, Morcelliana, 1974).

BRELET-RUEFF, C. *Médecines Traditionnelles Sacrées*. Paris, Retz, 1975.

BRIEN, A. Valeur Religieuse et Équivoques du Sens du Sacré, *Recherches et Débats*. 20, Paris, 1957, pp. 111-130.

——. *Le Cheminement de la foi*. Paris, Éd. du Seuil, 1964 (*Il Cammino della Fede*, trad. it. de S. Celani, apresentação de E. Balducci. Turim, Borla, 1967).

——. *Le Dieu de l'Homme. Le Sacré, le Désir, la foi*. Paris, DDB, 1984.

BROCKMÖLLER, Kl. *Industriekultur und Religion*. Frankfurt am Main, Joseph Knecht, 1964 (*Cultura Industriale e Religione*, trad. it. Leumann, Elle Di Ci, 1968).

Brown, P. *Society and the Holy in Late Antiquity*. Berkeley, University of California Press, 1982 (*La Società e il Sacro nella Tarda Antichità*, trad. it. de L. Zella. Turim, Einaudi, 1988).

——. *Authority and the Sacred*. Cambridge, Cambridge University Press, 1995 (*Il Sacro e l'Autorità*, trad. it. de M. C. Costamagna. Roma, Donzelli, 1996).

Burckhardt, T. *Principes et Méthodes de l'Art Sacré*. Paris, Dervy-Livres, 1976 (*Principi e Metodi dell'Arte Sacra*, trad. it. de A. Teodorani. Roma, Arkeios, 2004).

Burgelin, P. La Désacralisation *Recherches de Science Religieuse*, Paris, 1963, pp. 503-518.

Caillois, R. *L'Homme et le Sacré*. Paris, Gallimard, 1963³ (*L'Uomo e il Sacro*, trad. it. de R. Guarino, org. V. M. Olivieri. Turim, Bollati Boringhieri, 2001).

——. Le Pur et l'Impur, in Gorce, M.; Mortier, R. *Histoire Générale des Religions*, I, cit., pp. 21-32.

——. Le Sacré, em: *Encyclopédie Française*, XIX. Paris, Larousse, 1957, 19/32/5-19/32/10.

Caradec, Fr. *La Farce et le Sacré*. Tournai, Casterman, 1977.

Casel, O. *Das christliche Kultmysterium*. Regensburg, Friedrich Pustet, 1960² (*Il Mistero del Culto Cristiano*, trad. it. de A. Manzino, org. B. Neunheuser. Roma, Borla, 1985).

Cazelles, H.; Costecalde, Cl.-B. Sacré (et sainteté). Bibliographie, in Briend, J.; Cothenet, E. (orgs.). *Supplément au Dictionnai're de la Bible*, X. Paris, Letouzey et Ané, 1985, col. 1342-1351.

Chaunu, P. *La Mémoire et le Sacré*. Paris, Calmann-Lévy, 1978.

Chelhod, J. *Les Structures du Sacré chez les Arabes*, Paris, 1964.

——. La Baraka chez les Arabes ou l'Influence Bienfaisante du Sacré, *Revue de l'Histoire des Religions*, 148, Paris, 1955, pp. 68-88.

CHEYNS, A. La Signification Religieuse du Verbe "Hazomai" dans la Poésie Homérique, *Bulletin Philologique Linguistique*. Louvain-la-Neuve, 1968, p. 109-124.

——. Sens et Valeur du Mot "Aidôs" dans les Contextes Homériques, *Bulletin Philologique Linguistique*. Louvain-la-Neuve, 1967, pp. 3-33.

CIPRIANI, R. Sécularisation ou Retour du Sacré, *Archives de Sciences Sociales des Religions*, 52, Paris, 1981, pp. 141-150.

COLIN, P. Le Caractère Sacré de la Personne de Jésus-Christ. Approche Philosophique, *Recherches de Science Religieuse* Paris, 1963, pp. 519-542.

COMBLIN, J. *Cristianismo y Desarrollo*. Quito (Equador), Ed. Don Bosco, 1970.

CONGAR, Y. -M. J. Situation du Sacré en Régime Chrétien ,em: *La Liturgie après Vatican II*. Paris, Éd. du Cerf, 1967, pp. 385-403.

COSTECALDE, Cl. -B. La Racine *qdš* et ses Dérivés en Milieu Ouest-sémitique et dans les cuneiformes, in BRIEND, J.; COTHENET, E. (orgs.). *Supplément au Dictionnaire de la Bible*, X. Paris, Letouzey et Ané, 1985, col. 1346-1393.

——. Sacré et Sainteté dans l'Ancien Testament, em: BRIEND, J.; COTHENET, E. (orgs.). *Supplément au Dictionnaire de la Bible*, X. Paris, Letouzey et Ané, 1985, col. 1393-1415.

——. *Aux Origines du Sacré Biblique* Paris, Letouzey et Ané, 1986.

CORNÉLIS, E. Les Formes du Sacré, *Recherches de Science Religieuse*, Paris, 1969, pp. 481-502.

COX, H. *The Secular City*. Nova York, MacMillan, 1967 (*La Città Secolare*, trad. it. de A. Sorsaja, prefácio de G. Pampaloni. Florença, Vallecchi, 1968).

DANCA, V. *Definitio Sacri. Il Sacro come "il Significato" e "il Destino" e la sua Relazione col Metodo Storico-Fenomenologico nell'Opera di Mircea Eliade*, dissertação. Roma, Pontifícia Università Gregoriana, 1996.

——. *Sacro e Simbolo in Mircea Eliade*. Romênia, Iasi, 2004.

DANIÉLOU, J. *L'Avenir de la Religion* Paris, Fayard, 1968 (*L'Avvenire della religione*, trad. it. de P. Zumaglino. Turim, Borla, 1969).

DANYSZ, St. *Art Sacré et Prophétie*. Villa Palma, Arco, Maryla Tyszkiewicz, 1955.

DEBIDOUR, V. -H. *Problèmes de l'Art Sacré*. Paris, Le nouveau portique, 1951.

DELEHAYE, M. *Les Légendes Hagiographiques*. Bruxelas, Société des Bollandistes, 1906, 1927[2].

——. *Les Origines du Culte des Martyrs*. Bruxelas, Société des Bollandistes, 1917.

——. *Sanctus. Essai sur le Culte des Saints dans l'Antiquité*. Bruxelas, Société des Bollandistes, 1927.

DELUMEAU, J. *Le Cristianisme va-t-il Mourir?* Paris, Hachette, 1977 (*Il Cristianesimo sta per Morire?*, trad. it. de O. Guerrieri, prefácio de V. Messori. Turim, SEI, 1978).

DENIS, M. *Nouvelles Théories sur l'art Moderne, sur l'Art sacré, 1914-1921*. Paris, Rouat et Watelin, 1922.

D'HARCOURT, Ph.; BRUN, J.; GRELOT, P.; BRIEN, A. Ambiguité du sacré, *Recherches et Débats*, 73, Paris, 1971, pp. 121-153.

DI NOLA, A. M. Sacro e Profano, in DI NOLA, A. M.; ADRIANI, M.; CHIAVACCI, E.; MANNUCCHI, V.; OLIVIERI, S.; VINAY, V. (orgs.). *Enciclopedia delle Religioni*, V, cit. Florença, Valecchi, 1970, col. 678-709.

DE ROSA, G. Fede Cristiana, Tecnica e Secolarizzazione, *La Civiltà Cattolica*, Roma, 1970.

——. Sacro Religioso e sacro Cristiano, *La Civiltà Cattolica*, Roma, 1973, pp. 335-346.

DONCOEUR, P. *Péguy, la Révolution et le Sacré* Mâcon, L'orante, 1942.

——. *Eveil et Culture du sens Religieux*. Paris, Cahiers, s.d.

DUCHESNE, L. *Le Culte Chrétien*. Paris, Thorin, 1889.

——. *Origines du Culte Chrétien*. Paris, Éd. de Boccard, 1920.

DUMAS, L'Église Envahie par la Distinction du Sacré et du Profane, *Foi et Vie*, 1952, p. 188-214.

DUMÉZIL, G. *L'Idéologie Tripartie des Indo-Européens*,Col. "Latomus", 31, Bruxelas, 1958 (*L'Ideologia Tripartita degli Indoeuropei*, trad. it., ensaio introdutório de J. Ries, Rímini, Il Cerchio, 2003²).

——. *La Religion Romaine Archaïque*. Paris, Payot, 1966, 1974² (*La Religione Romana Arcaica,*trad. it. e org. de F. Jesi. Milão, Rizzoli, 2001²).

——. *Les Dieux des Germains. Essai sur la Formation de la Religion Scandinave*. Paris, PUF, 1959 (*Gli dèi dei Germani. Saggio sulla Formazione della Religione Scandinava*, trad. it. de B. Candian. Milão, Adelphi, 1994⁶).

——. *Les Dieux Souverains des Indo-Européens*. Paris, Gallimard, 1977 (*Gli dei Sovrani degli Indoeuropei*, trad. it. de A. Marietti. Turim, Einaudi, 1985).

DURKHEIM, E. *Les Formes Élémentaires de la Vie Religieuse*. Paris, Félix Alcan, 1912 (*Le Forme Elementari della Vita Religiosa*, trad. it. de C. Cividali, introdução de R. Cantoni. Milão, Comunità, 1982³).

ELIADE, M. (artigos). Puissance et Sacralité dans l'Histoire des Religions, *Eranos Jahrbuch*, 22, Zurique, 1953, p. 11-44.

——. La Terre-Mère et les Hiérogamies Cosmiques, *Eranos Jahrbuch*, 22, Zurique, 1954, pp. 70-99.

——. Sur la Permanence du Sacré dans l'Art Contemporain, XXe siècle, n.s., 26, 1964, p. 3-10.

——. The Sacred and the Moderne Artist, Criterion, 4, 1965, pp. 22-24.

——. The Sacred in the Secular World, Cultural Hermeneutics, 1, 1973, pp. 101-113.

——. Architecture, Sacré et Symbolisme, L'Herne, 33, Paris, 1978, pp. 141-156.

ELIADE, M. (obras). *Traité d'Histoire des Religions*. Paris, Payot, 1948, 1953², 1959³, 1968⁴, 1970⁵, 1974⁶ (*Trattato di Storia delle Religioni*, trad. it. de Virginia Vacca, revisão de G. Riccardo, org. P. Angelini. Turim, Bollati Boringhieri, 1999²).

——. *Le Mythe de l'Éternel Retour. Archétipes et Répétition*. Paris, Gallimard, 1949 (*Il Mito dell'Eterno Ritorno*, trad. it. de G. Cantoni. Milão, Rusconi, 1975).

——. *Images et Symboles. Essai sur le Symbolisme Magico-Religieux*. Paris, Gallimard, 1952 (*Immagini e Simboli. Saggi sul Simbolismo Magico-religioso*, trad. it. de M. Giacometti, prefácio de G. Dumézil. Milão, Jaca Book, 1980).

——. *Mythes, Rêves et Mysteres*. Paris, Gallimard, 1957 (*Miti, Sogni e Misteri*, trad. it. de G. Cantoni. Milão, Rusconi, 1990³).

——. *Das Heilige und das Profane. Vom Wesen des Religiösen*. Hamburgo, Rowohlt, 1957 (*Le Sacré et le Profane*, trad. fr., Paris, Gallimard, 1965; *Il Sacro e il Profano*, trad. it. de E. Fadini. Turim, Boringhieri, 1984³).

——. *Birth and Rebirth. Rites and Symbols of Initiation*. Nova York, Harper & Row, 1958 (*La Nascita Mistica. Riti e Simboli d'Iniziazione*, trad. it. de A. Rizzi. Brescia, Morcelliana, 1988³).

——. *Méphistophélès et l'Androgyne*. Paris, Gallimard, 1962 (*Mefistofele e l'Androgine*, trad. it. de E. Pinto, Roma, Edizioni Mediterranee, 1971).

——. *The Quest. History and Meaning in Religion*. Chicago/Londres, The University of Chicago Press, 1969 *(La Nostalgia delle Origini. Storia e Significato nella Religione,* trad. it. de A. Crespi Bortolini. Brescia, Morcelliana, 1980^2).

——. *Fragments d'un Journal*. Paris, Gallimard, 1973 *(Giornale,* trad. it. de L. Aurigemma. Turim, Boringhieri, 1976).

——. *Fragments d'un Journal II*. Paris, Gallimard, 1981.

ELLUL, J. *Les Nouveaux Possédés*. Paris, Fayard, 1973.

ÉTIENNE, J. La Morphologie du Sacré: Remarques sur le *Traité* de Mircea Eliade, em: *Miscellane a Albert Dondeyne. Godsdienstfilosofie*. Leuven, University Press, 1974, pp. 233-240.

——. L'Homme et le Sacré. Pour une Clarification Conceptuelle, *Revue Théologique de Louvain*, 13, Louvain-la-Neuve, 1982, pp. 5-17.

FERRAROTTI, F. *Il Paradosso dei Sacro*. Bari, Laterza, 1985.

FESTUGIÈRE, A. -J. *La Sainteté*. Paris, PUF, 1942.

FEUERBACH, L. *Das Wesen des Christentums* (1848^3). Stuttgart, Reclam, 1984 *(L'Essenza del Cristianesimo,* trad. it. de F. Bazzani, D. Haibach, org. F. Bazzani. Florença, Ponte alle Grazie, 1994).

FOCILLON, H. *Vie des Formes* Paris, PUF, 1947 (em: *Vita delle Forme Seguito da Elogio della Mano,* trad. it. de S. Bettini e E. De Angelis, prefácio de E. Castelnuovo. Turim, Einaudi, 1996^2).

FRICK, H. *Rudolf Otto*. Gotha, Klotz, 1931.

FUGIER, H. Temps et Sacré dans le Vocabulaire Religieux des Romains, in CASTELLI, E. (org.). *Mito e Fede. Atti del Convegno Indetto dal Centro Internazionale di Studi Umanistici e dall'Istituto di Studi Filosofici. Roma, 6-12 Gennaio 1966,* Pádua, CEDAM, 1966, pp. 547-559.

——. *Recherches sur l'Expression du Sacré dans la Langue Latine*. Paris, Les Belles Lettres, 1963.

——. Deux ou Trois Mots sur le Sacré, *Revue d'Histoire et de Philosophie Religieuses*, 60, 1980, pp. 81-94.

FUMET, St., *Véronique ou l'Usage Sacré de l'Art*. Paris, Desclée, 1970.

GAUDIBERT, P. *Du Culturel au Sacré*. Tournai, Casterman, 1981.

GEFFRÉ, Cl. Le Christianisme et les Métamorphoses du Sacré, *Le Supplément*, 109, Paris, Éd. du Cerf, 1974, pp. 177-198.

GELINEAU, J. Langue Sacrée, Langue Profane, *La Maison-Dieu*, 53, Paris, 1958, pp. 110-129.

GIRARD, R. *La Violence et le Sacré*. Paris, Grasset, 1972 (*La Violenza e il Sacro*, trad. it. de O. Fática e E. Czerkl. Milão, Adelphi, 1992^3).

GIUSSANI, L. Il Senso Religioso, em: Id., *Opere. 1966-1992*, vol. 1. Milão, Jaca Book, 1994.

GOLDHAMMER, K. *Formenwelt des Religiösen*. Stuttgart, Kröner Verlag, 1960.

GONZÁLEZ-RUÍZ, J. -M. *Dios es Gratuito pero no Superfluo*. Madrid, Marova, 1970 (*Dio è Gratuito ma non Superfluo*, trad. it. Milão, Jaca Book, 1969).

GRAND'MAISON, J. *Le Sacré dans la Consécration du Monde*. Montreal, Université, 1965.

——. *Le Monde et le Sacré*: I, *Le Sacré*; II, *Consécration et Sécularisation*. Paris, Éd. Ouvrières, 1966 (*Il Mondo e il Sacro*, 2 vols., trad. it. Roma, Edizioni Cinque Lune, 1969-1972).

GRELOT, P. La Sainteté Consacrée dans le Nouveau Testament, em: BRIEND, J.; COTHENET, E. (orgs.). *Supplément au Dictionnaire de la Bible*, X. Paris, Letouzey et Ané, 1985, col. 1432-1483.

HANI, J. *La Royauté Sacrée. Du Pharaon au Roi très Chrétien*. Paris, Guy Trédaniel, 1984.

HÄRING, B. Das Heilige Rudolf Ottos in der Neueren Kritik, *Geist und Leben*, 24, 1951, pp. 66-71.

———. *Das Heilige und das Gute. Religion und Sittlichkeit in Ihrem Gegenseitigen Bezug.* Krailling, Wewel, 1950 (*Il Sacro e il Bene. Rapporti tra Etica e Religione*, trad. it. Brescia, Morcelliana, 1968).

———. *Macht und Ohnmacht der Religion. Religionssoziologie als Anruf.* Freiburg im Breisgau/Basel/Wien, Herder, 1965² (*Introduzione alla Sociologia Religiosa e Pastorale*, trad. it. e org. de P. Giani. Roma, Edizioni Paoline, 1965).

Heiler, F. *Das Gebet.* Munique, Reinhardt, 1923, 1969.

———. *Erscheinungsformen und Wesen der Religion.* Stuttgart, Kohlhammer, 1961 (*Le Religioni dell'Umanità. Volume di introduzione generale*, trad. it. de M. Limiroli Barcella, org. L. Saibene. Milão, Jaca Book, 1985).

Hessen, J., *Die Werte des Heiligen. Eine neue Religionsphilosophie.* Regensburg, F. Pustet, 1938.

Hoffmeier, J. K. *Sacred in the Vocabulary of Ancient Egypt. The Term DSR, with Special Reference to Dynasties I-XX.* Göttingen, Vandenhoeck & Ruprecht, 1985.

Huyghe, R. *Dialogue avec le Visible.* Paris, Flammarion, 1955.

———. *L'Art et l'Âme.* Paris, Flammarion, 1960.

———. *Les Puissances de l'Image.* Paris, Flammarion, 1965.

———. *Sens et Destin de l'Art*, 2 vols. Paris, Flammarion, 1967.

———. *La Nuit Appelle l'Aurore.* Paris, Flammarion, 1980.

Iersel, B. van. À propos de l'Alternance de Tendances Sécularisantes et Sacralisantes dans l'Écriture, *Concilium*, 81, pp. 81-91.

Isambert, F. -A. *Le Sens du Sacré. Fête et Religion Populaire.* Paris, Éd. de Minuit, 1982.

Jaekel, S. "Phobos" und "sebas" im Frühen Griechischen *Archiv für Begriffsgeschichte*, 16, 1972, pp. 141-165.

Jankélevitch, Vl. *Le Pur et l'Impur.* Paris, Flammarion, 1960.

KAGAME, A. Le Sacré Païen, le Sacré Chrétien, in *Aspects de la Culture Noire*, Recherches et Débats, 24, Paris, 1958, pp. 128-145.

KARRER, O., *Das Religiöse in der Menschheit und das Christentum*. Freiburg im Breisgau, Herder, 1934.

KING, Th. M., *Sartre and the Sacred*. Chicago/Londres, University of Chicago Press, 1974.

KIRCHGÄSSNER, A. *Heilige Zeichen der Kirche*. Aschaffenburg, Paul Pattloch, 1961[2].

KORTZFLEISCH, G. Von. *Religion im Säkularismus*. Berlim, Kreuz-Verlag, 1967.

LADRIÈRE, J. Le Sens du Sacré et le Métier de Sociologue, *Archives de Sciences Sociales des Religions*, 57, Paris, 1984, pp. 115-140.

LEEUW, G. van der. *Phänomenologie der Religion*. Tübingen, Mohr (P. Siebeck), 1933, 1956[2] (*Fenomenologia della Religione*, trad. it. de V. Vacca. Turim, Boringhieri, 1975).

——. *Sacred and Profane Beauty: the Holy in Art*. Nashville/Nova York, Abingdon Press, 1963.

LEISEGANG, H. *Pneuma Hagion. Der Ursprung des Geistesbegriffs der Synoptischen Evangelien aus der Griechischen Mystik* Leipzig, J. C. Hinrich'sche Buchhandlung, 1922; reimpressão Hildesheim, Olms, 1970.

LESNES, E. *De la Laideur dans l'art* Bruxelas, Societé Belge de Librairie, 1911.

LÉVINAS, E. *Du Sacré au Saint. Cinq Nouvelles Lectures Talmudiques*. Paris, Éd. de Minuit, 1977 (*Do sagrado ao santo. Cinco novas interpretações talmúdicas*, trad. bras. De Marcos de Castro. Rio de Janeiro, Civilização Brasileira, 2001.)

LEVI-MAKARIUS, L. *Le Sacré et la Violation des Interdits*. Paris, Payot, 1974.

MALDONADO, L. *Secularización de la Liturgia*. Madrid, Marova, 1970 (*Secolarizzazione della Liturgia*, trad. it. de L. Rolfo. Roma, Edizioni Paoline, 1972).

MALRAUX, A. *La Métamorphose des Dieux*, 3 vols. Paris, NRF, 1957.

MARITAIN, J. A Genoux Devant le Mond, em: *Le Paysan de la Garonne. Un vieux laic s'interroge a propos du temps present*, Paris, 1946, p. 86-94 (Il *contadino della Caronna. Un vecchio laico interroga se stesso sul mondo d'oggi*, trad. it. de B. Tibiletti. Brescia, Morcelliana, 1986[10]).

MARINO, A, *Hermeneutica lui Mircea Eliade*. Dacia, Clui, 1980 (*L'Herméneutique de Mircea Eliade*, trad. fr. Paris, Gallimard, 1981).

MARTIMORT, A. Le Sens du Sacré. *La Maison-Dieu*, 25, Paris, 1951, pp. 47-74.

MARTIMORT, A. -M.; REGAMEY, P. À la Recherche du Sacré, *La Maison-Dieu*, 17, Paris, 1949, pp. 7-23.

MARTIN, E. *Essai sur la Musique et le Sacré*. Paris, Fayard, 1968.

MARTIN, E; ANTOINE, P. *La Querelle du Sacré*. Paris, Beauchesne, 1970.

MESLIN, M. *Pour une Science des Religions*. Paris, Éd. du Seuil, 1973 (*Per una Scienza delle Religioni*, trad. it. de L. Bacchiarello. Assis, Cittadella, 1975).

MOLYNEAUX, B. L. *La Terre et le Sacré*. Paris, Albin Michel, 1995.

MONNEROT, J. *La Poésie Moderne et le Sacré*. Paris, Gallimard, 1945.

MOULINIER, L. *Le Pur et l'Impur dans la Pensée des Grecs d'Homere à Aristote* Paris, Klincksieck, 1952, reimpressão Nova York, Arno Press, 1975.

MÜHLEN, H. *Entsakralisierung. Ein Epochales Schlagwort in Seiner Bedeutung fur die Zukunft der Christilichen Kirchen*. Paderborn, Ferdinand Schöningh, 1971.

NÉDONCELLE, M. Les Équivoques de la Sécularisation, em: *Miscellanea Albert Dondeyne. Godsdienstfilosofie*. Leuven, University Press, 1974, pp. 241-249.

NESTI, A. *I Labirinti del Sacro*. Roma, Borla, 1993.

NEWBIGIN, L. *Honest Religion for Secular Man*. Filadélfia, Westminster Press, 1966 (*Una Seligione Autentica per un Mondo Secolarizzato*, trad. it. de R. Polimeni, prefácio de R. Marle. Assis, Cittadella, 1968).

OCHSE, M. *Un Art Sacré pour Notre Temps*. Paris, Fayard, 1959 (*Un'Arte Sacra per il Nostro Tempo*, trad. it. de C. M. Richelmi. Catania, Edizioni Paoline, 1960).

OTTO, R. *Das Heilige. Über das Irrationale in der Idee des Göttlichen und sein Verhältnis zum Rationalen*. Gotha 1917; Munique, Beck, 1963[35] (*Il Sacro. L'Irrazionale nell'Idea del Divino e la sua Relazione al Razionale*, trad. it. de E. Buonaiuti. Milão, Feltrinelli, 1994[5]).

——. *Religious Essays. A Supplement to "The Idea of the Holy"*. Londres/Oxford, Humphrey Milford, 1931.

——. *West-Ostliche Mystik. Vergleich und Unterscheidung zur Wesensdeutung* (1929). Gütersloh, Mohn, 1979 (*Mística Orientale, Mística Occidentale. Interpretazione e Confronto*, trad. it. e org. de M. Vannini. Casale Monferrato, Marietti, 1985).

PARAT, C. *Dynamique du Sacré*. Meyzieux, Césura, 1988.

PARKER, R. *Miasma. Pollution and Purification in Early Greek Religion*. Oxford, 1983.

PFEIL, H. *Christsein in Säkularisierter Welt*. Aschaffenburg, Paul Pattloch Verlag, 1972.

PICHARD, J. *L'Art Sacré Moderne*. Paris, Arthaud, 1953.

——. *Images de l'Invisible. Vingt Siècles d'art Chrétien* Paris/Tournai, Casterman, 1958.

PICHARD, J.; Stern, Ph. Le Sacré et le Profane dans l'art Ancien et l'Art Moderne, *L'Art Sacré*, 4-5, Paris, 1947, pp. 99-132.

PIEPER, J. *Entsakralisierung?*. Zurique, Die Arche, 1970.

PORTE, D. *Les Donneurs de Sacré. Le Prêtre à Rome*. Paris, Les Belles Lettres, 1989.

PRADES, J. A. *Persistance et Métamorphose du Sacré*. Paris, PUF, 1987.

RABUT, O. *Valeur Spirituelle du Profane. Les Energies du Monde et l'Exigence Religieuse*. Paris, Éd. du Cerf, 1963 (*Valore Spirituale della Realtà Profana. Le Energie del Mondo e l'Esigenza Religiosa*, trad. it. de C. Tosana. Brescia, Morcelliana, 1964).

——. *L'Expérience Religieuse Fondamentale*. Tournai, Casterman, 1969.

REGAMEY, P. R. Points de vue Actuels sur le Sacré, *La Maison-Dieu*, 17, Paris 1949, pp. 24-41.

——. *Art Sacré au XXe Siècle*. Paris, Éd. du Cerf, 1952.

RICARDI, F. L'Interpretazione del Sacro nell'opera di M. Eliade, *Rivista di Filosofia Neoscolastica*, 61, Milão, 1969, pp. 509-535; 62, Milão, 1970, pp. 133-162.

RICOEUR, P. *Histoire et Vérité*. Paris, Éd. du Seuil, 1955, 1964² (*Storia e Verità*, trad. it. de C. Marco e A. Rosselli. Lungro di Cosenza, Marco Editore, 1994).

——. *Finitude et Culpabilité*: I, *L'Homme Faillible*; II, *La Symbolique du Mal*. Paris, Aubier, 1960 (*Finitudine e Colpa,* trad. it. de M. Girardet, introdução de V. Melchiorre. Bolonha, Il Mulino, 1970).

——. *Le Conflit des Interprétations. Essais d'Herméneutique*. Paris, Ed. du Seuil, 1969 (*Il Conflitto delle Interpretazioni,* trad. it. de R. Balzarotti, F. Botturi e G. Colombo, prefácio de A. Rigobello. Milão, Jaca Book, 1977, 1999⁴).

——. Manifestation et Proclamation, em: CASTELLI, E. (org.). *Le Sacré. Études et Recherches. Actes du Colloque du Centre d'Études Humanistes et de l'Institut d´Études Philosophiques. Rome, 4-9 janvier 1974*, cit. Paris, Aubier, 1974, pp. 56-76.

RIES, J. (artigos). Les Avatars Contemporains du Sacré, *Revue Théologique de Louvain*, 5, Louvain, 1974, pp. 510-518.

——. Les Religions Séculières dans la Société d'Aujourd'hui, *Revue Théologique de Louvain*, 6, Louvain-la-Neuve, 1975, pp. 332-339.

——. Sacré, Sécularisation et Métamorphoses du Sacré, Colloques et Travaux Recents, *Revue Théologique de Louvain*, 9, Louvain-la-Neuve, 1978, pp. 83-91.

——. Le Sacré comme Approche de Dieu dans les Religions. Une Dimension de l'Histoire des Religions, em: AYKARA, T.A. *Meeting of Religions. New Orientations and Perspectives*, Bangalore, 1978, pp. 42-63.

——. Il Valore del Sacro nelle Risorse Umane, em: *Meeting 82. Atti. Le Risorse dell'Uomo*, Rímini, 1983, pp. 27-34.

——. Sacro, em: POUPARD, P. (org.). *Grande Dizionario delle Religioni*. Assis/Casale-Monferrato, Cittadella/Piemme, 1988, pp. 1847-1856.

——. Le Sacré, em: *Encyclopédie Catholicisme*. Paris, Letouzey et Ané, XIII, 1991, col. 271-293.

——. L'Homme et le Sacré dnas le Contexte d'une Société Industrialisée, *Equinoxe, Revune Romande de Sciences Humaines*, 15, Fribourg, pp. 11-21.

——. L'*Homo Religiosus* e l'Esperienza del Sacro. Controversie Recenti e Nuove Chiarificazioni del Pensiero di Mircea Eliade, em: RIES, J.; SPINETO, N. (orgs.). *Esploratori del Pensiero Umano. Georges Dumézil e Mircea Eliade*. Milão, Jaca Book, 2000, pp. 291-309.

———. Sacré, Culte Impérial, Fêtes et Christianisme aux trois Premiers Siècles de l'Empire Romain, em: MOTTE, A.; Ternes, Ch. M. *Dieux, Fêtés et Sacré dans la Grece Ancienne et la Rome Antique*, cit., Turnhout, Brepols, 2003, pp. 255-277.

RIES, J. (obras). *Le Sacré comme Approche de Dieu et comme Ressource de l'Homme*, Col. "Conférences et Travaux", 1, Louvain-la-Neuve 1981.

———. *Les Religions et le Sacré*, Col. "Information et Enseignement", 15, Louvain-la-Neuve 1981³ (*Il Sacro nella Storia Religiosa dell'Umanità*, trad. it. de F. Marano e L. Saibene. Milão, Jaca Book, 1995²).

———. *Les Chemins du Sacré dans l'Histoire*, Col. "Présence et Pensée", Paris, Aubier, 1985.

ROBINSON, J. *Honest to God*. Londres, SCM Press, 1965 (*Dio non è così*, trad. it. de G. Sighinolfi. Florença, Vallecchi, 1968³).

ROGUET, A. -M. Réflexions sur le Sacré à Propos de la Construction des Églises, *La Maison-Dieu*, 96, Paris, 1968, p. 19-31.

SABBATUCCI, D. Sacer, *Studi e Materiali di Storia delle Religioni*, 23, Bolonha, 1951, pp. 91-101.

SERRAND, A-Z. *Évolution Technique et Théologies*. Paris, Éd. du Cerf, 1965.

SIMON, A. Les Masques de la Violence, *Esprit*, 11, 1973, pp. 515-527.

SJÖBERG, Y. *Mort et Résurrection de l'Art Sacré*. Paris, Grasset, 1957.

SPRINK, L. *L'Art Sacré en Occident et en Orient. Essai d'une Synthese*. Paris, Mappus, 1961.

STEWARD, A. *La Mission Sacré*. Joanesburgo, Ed. Da Gama, 1963.

SUARES, C. *Les Clés du Sacré*. Genève, Mont-Blanc, 1971.

SWÂMI NITYABODHÂNANDA. *Queste du Sacré*. Paris, La Colombe (Éd. du Vieux Colombier), 1962.

TARDAN-MASQUELIER, I. *Jung et la Question du Sacré*. Paris, Albin Michel, 1998.

TERRIN, A. N. *Il Sacro off Limits. L'Esperienza Religiosa e il suo Travaglio antropologico*. Bolonha, EDB, 1995.

THIBON, G. *Le Sentiment du Sacré*, Conferência. Waasmunster/Paris, Ed. Manta/*L'Homme Nouveau*, 225-226 e 228-231, s.d.

TILLICH, P. Honnêteté et Sens du Sacré, *La Maison-Dieu*, 96, Paris, 1968, pp. 7-18.

VAHANIAN, G. *Kultur ohne Gott?*. Göttingen, Vandenhoeck & Ruprecht, 1973.

VINCENT, J. -F. *Le Pouvoir et le Sacré chez les Hadjeray du Tchad*. Paris, Éd. Anthropos, 1975.

WUNENBURGER, J. -J. *La Fête, le Jeu et le Sacré*. Paris, Jean-Pierre Delarge, 1977.

——. *Le Sacré*. Paris, PUF, 1981.

Glossário

ANIMISMO – Concepção segundo a qual os objetos naturais seriam todos animados, situada, por E. B. Tylor, na origem de toda forma de religião.

ANTROPOGONIA – Relato relativo à origem dos homens.

ANTROPOLOGIA – Apresenta-se como uma experiência concreta, diferencial, complexa da condição humana. É a ciência do homem.

ARAMEUS – Povo semítico que alcançou o máximo desenvolvimento entre o final do segundo milênio e a primeira metade do primeiro milênio a.C. Depois de se fixar na Síria no século XIII, foram dominados pela Assíria a partir do século X.

CINCO PILARES DO ISLÃ – São as cinco práticas fundamentais do Islã: a profissão de fé, a oração, a esmola ritual, o jejum e a grande peregrinação a Meca.

COSMOGÔNICOS (MITOS) – Relatos referentes às origens do universo.

ESCATOLOGIA – É a ciência das "coisas últimas": pode ser individual, se diz respeito ao destino de cada homem após a morte, e geral ou cósmica, referindo-se ao fim do mundo, do universo, dos homens como coletividade.

EXEGESE – Estudo do significado de um texto. A exegese bíblica é a interpretação dos textos do Antigo e do Novo Testamento.

FENÍCIOS – Povo semítico que se estabeleceu na Fenícia (atual litoral da Síria), dedicado à navegação e ao comércio, que colonizou diversas localidades costeiras do Mediterrâneo.

Fundação (ritos de) – São os ritos que acompanham a fundação de alguma coisa (uma cidade, um templo etc.).

Gnose / Gnosticismo – Entende-se por gnose, em geral, um "conhecimento dos mistérios divinos reservado a uma elite"; por gnosticismo, um conjunto de movimentos históricos, ocorridos no século II d.C. (Do "Documento final" do Congresso de Messina sobre o gnosticismo de 1966).

Helenístico – Termo que descreve a cultura e as ideias vigentes na época entre Alexandre Magno (século IV a.C.) e Constantino (século IV d.C.). Naquele período a cultura grega, difundida com as conquistas de Alexandre e depois integrada à romana, mesclava-se com as das populações conquistadas, gerando uma nova cultura.

Heliópolis – Cidade egípcia do Reino Antigo, famosa pelo culto do Deus solar Atum-Ra, que o rei Djeser centralizou sob a própria autoridade no início da III Dinastia, associando o clero ao seu governo. A partir daquela data, Heliópolis tornou-se sede de uma teologia solar fundamentada no Deus criador Ra.

Hermenêutica – Termo que, na Grécia antiga, indicava a técnica da interpretação. Pode ser considerado sinônimo de "interpretação"; além disso, é empregado também para indicar, no pensamento moderno, diversas formas de teoria da interpretação.

Hermópolis – Cidade do Médio Egito, 300 quilômetros ao sul do Cairo, da qual restam apenas algumas ruínas. Durante o Reino Antigo foi famosa por sua teologia centrada no Deus Thot, o juiz por excelência, Deus das leis e criador das instituições.

Hierofania – O termo, que passou a fazer parte do vocabulário histórico-religioso graças à obra de Mircea Eliade, indica uma manifestação do sagrado.

HIEROGAMIA – Rito que evoca a união ou as núpcias entre divindades ou então entre divindades e homens.

HITITAS – População indo-europeia estabelecida na Anatólia antes de 2000 a.C., que teve o máximo esplendor entre 1500 e 1300 a.C., estendendo seu domínio por quase toda a Ásia Menor.

HOMO RELIGIOSUS / HOMEM RELIGIOSO – É o homem que toma consciência do sagrado, porque este se manifesta como algo totalmente diferente do profano e assume no mundo um modo de vida específico.

INICIAÇÃO – O termo indica um conjunto de ritos e ensinamentos cuja finalidade é produzir uma transformação radical do *status* religioso e social de um indivíduo. Tais ritos e ensinamentos, além de introduzir o candidato em uma sociedade e nos seus valores culturais e religiosos, assinalam a passagem para uma vida nova, simbolizada pela relação entre "morte" e "renascimento".

ISÍACOS (CULTOS) – Cultos dedicados à deusa egípcia Ísis.

KAABA – Santuário sagrado do Islã situado em Meca, que contém a pedra negra. É o lugar de referência simbólica e espiritual de todos os santuários muçulmanos do mundo, pólo para o qual se dirigem os muçulmanos para a oração.

MANA – Termo melanésio que indica uma potência impessoal. A crença do *mana* foi considerada a primeira forma de religião por alguns historiadores das religiões.

MANDALA – Figura centrada em cuja estrutura o círculo e o quadrado têm um papel determinante; é encontrada no hinduísmo, especialmente tântrico, e no budismo. Possui três valores: representa o universo, constitui o instrumento de uma espécie de revelação divina e guia quem a olha ao longo de um caminho de aperfeiçoamento espiritual, direcionando sua meditação.

MANIQUEÍSMO – Religião de tipo dualista fundada por Mani no século III d.C.

MESSIANISMO – Espera da vinda de um mundo futuro feliz, que se instaura através de uma figura mediadora (o messias).

MISTÉRIOS – Trata-se de cultos secretos, cujo nome deriva da expressão grega que significa "fechar a boca". Alguns de origem grega, outros nascidos do contato com as culturas do Oriente, chegaram a Roma e a todo o mundo helenístico--romano, onde tiveram muito sucesso.

NAOS – O termo pode designar o templo grego ou então a cela do templo onde se encontrava a estátua do Deus.

NESITAS – Outro nome dos hititas.

NUMINOSO – Relativo ao nume, à divindade. Termo introduzido no vocabulário histórico-religioso por Rudolf Otto, que indica o objeto da religião, o sagrado inefável, que não pode ser definido racionalmente, mas pode ser conhecido através da experiência religiosa.

ONTOLOGIA – A filosofia como investigação sobre o ser enquanto ser (metafísica).

ORFISMO – Nome atribuído a um movimento religioso grego que teria sido fundado pelo personagem mítico Orfeu.

ORIGEM (MITOS DE) – Relatos que têm por tema o nascimento de uma realidade ou de uma instituição.

PALMIRENOS – Habitantes de Palmira, antiga cidade da Síria.

PASSAGEM (RITOS DE) – Ver INICIAÇÃO.

PLEROMA – O termo significa "plenitude" e indica, em diversas correntes filosóficas e religiosas, a ideia do divino como perfeição, totalidade e plenitude.

PÚNICOS – Ver FENÍCIOS.

QUERIGMA – Termo proveniente do grego que significa "mensagem", "anúncio" e indica o conteúdo essencial da primeira pregação cristã.

SEMITAS – Termo que provém do nome de um dos filhos de Noé, Sem, e indica povos que falam línguas ligadas a um mesmo tronco e que compreendem os babilônios, os assírios, os judeus, os árabes.

SOTERIOLOGIA – A concepção da salvação de uma determinada corrente filosófica ou religiosa.

SUFISMO – Nome da principal corrente da mística islâmica.

TEOFANIA – Manifestação de Deus.

TEOGONIA – Relato do nascimento dos deuses, referente a suas origens e às suas gerações sucessivas.

TORAH – Refere-se tanto à Bíblia judaica (em particular aos primeiros cincos livros) como ao conjunto dos ensinamentos referentes à tradição judaica e aos métodos para estudá-los.

URÂNICA (SIMBOLOGIA) – Conjunto dos valores simbólicos do céu ou conjunto dos símbos que se referem às realidades celestes.

ZAMZAM (FONTE) – Fonte surgida milagrosamente para saciar a sede da mulher de Abraão, Hagar, e de seu filho Ismael. Encontra-se na grande mesquita de Meca.

ZOROASTRISMO OU MASDEÍSMO – Religião do Irã antes da conquista árabe; chamada zoroastrismo devido ao nome de Zoroastro ou Zaratustra, o fundador, e masdeísmo devido ao nome do Deus supremo Ahura Mazdã, que inspira o homem e o guia para o bem contrapondo-se a Ahriman, o espírito maligno.

Esta obra foi composta em CTcP
Capa: Supremo 250g – Miolo: Pólen Soft 80g
Impressão e acabamento
Gráfica e Editora Santuário